MISSI UND LASSE

Abenteuer-Kinderbuch
über Selbstvertrauen, Freundschaft und
den Mut, Entscheidungen zu treffen

Impressum

Autorin: Josefine Hensen
Korrektorat: Iris Preißler
Zeichnungen: Josefine Hensen
Illustration: Freepik - Freepik.com, Kamimiart, Myriam Thume
Buchsatz & Layout: Robert Rasouly
Umschlaggestaltung: Josefine Hensen, Myriam Thume
Verantwortlich für den Druck: Amazon Distribution GmbH, Leipzig

1. Auflage 2022

HensenBooks
Josefine Hensen
Zum Taggenbrock 14
49577 Ankum
Kontakt: missi-und-lasse@josefinehensen.de

ISBN: 978-3-9825135-0-8

INHALTSVERZEICHNIS

Die Klassenarbeit

Lasse schloss die Haustür auf. „Bin da!"
Er stellte Schuhe und Ranzen im Flur ab und kramte seine Mathearbeit hervor. Ganz unten auf der ersten Seite stand eine rote Eins. Würde das seinem Vater gefallen?

„Hallo, Mama."
Lasse schob die Küchentür auf und steuerte auf die Essecke zu. Seine Mutter stellte gerade den Suppentopf auf die Tischplatte. Es roch nach leckerem Gulasch.
„Hallo, Lasse." Sie sah ihm zu, wie er die Klassenarbeit neben ihren Teller legte.
„Oh, du hast eine Eins geschrieben. Sehr schön." Sie legte kurz ihre Hand auf Lasses Kopf und schob seine Haare hin und her. Ganz so, als ob sie ihn streicheln wollte.
Dass sie sich freute, überraschte Lasse nicht. Sie würde sich auch bei einer Drei nicht beschweren. Allerdings war es manchmal gar nicht so leicht, in ihrem Gesicht Freude zu entdecken. Seine Mutter wirkte meistens bedrückt und müde. Besonders heute.
„War gar nicht so schwer." Lasse zuckte mit den Schultern und sah, wie er nun doch ein klitzekleines Lächeln in ihr Gesicht zauberte. Dann setzte er sich an den Tisch.
„Es gibt Gulasch mit Nudeln", verkündete seine Mutter und hob den Deckel vom Topf.

Als auch sie sich gerade gesetzt hatte, hörte man es nebenan im Flur poltern. Der Vater kam ins Haus gestapft. Es war fast so, als würde die Zeit für einen kurzen Moment einfrieren. Lasse und seine Mutter kannten die verschiedenen Launen, mit denen der Vater täglich nach Hause kam. Meistens konnten sie seine Stimmung schon allein daran erkennen, wie laut er die Haustür hinter sich zumachte.

Gespannt spitzte Lasse die Ohren.

Klack.

Die Haustür wurde zugeschoben und leise mit dem Griff geschlossen. Lasses Schultern sackten ein paar Zentimeter runter. Wahrscheinlich würde man ihm heute nicht den Appetit verderben.

„Hallo, Vincent“, sagte seine Mutter, als der Vater in die Küche kam. Genauso wie Lasse schien sie einmal tief durchzuatmen.

„Hallo.“ Lasses Vater setzte sich an den Tisch, während seine Frau die Teller mit Gulasch und Nudeln füllte. „Was gibt‘s Neues?“

Lasse war sich oft nicht sicher, ob seinen Vater das wirklich interessierte. Manchmal kam es ihm vor, als wollte er mit solchen Fragen einfach nur die Stille beenden. Die Stille, die Lasse eigentlich sehr schön fand. Stille bedeutete nämlich, dass es gerade nichts zu meckern gab.

„Lasse hat eine Eins in Mathe geschrieben“, verkündete seine Mutter vorsichtig. Sie hörte kurz auf zu essen und sah von ihrem Teller auf, dann aß sie weiter.

Lasses Vater ließ sich Zeit. Er schluckte sein gut durchgekautes Stück Fleisch runter und schob sich ein neues in den Mund. Am ganzen Tisch war es still. Bis auf die Kaugeräusche natürlich.
Würde er dieses Mal stolz auf ihn sein? Lasse traute sich nicht, seinen Vater anzusehen, und kaute viel länger als gewöhnlich auf seinen Nudeln herum. Wie sie schmeckten, war ihm in diesem Moment völlig egal.
Endlich, nach einer gefühlten Ewigkeit, rückte sein Vater mit einer Antwort raus. „Was haben die anderen denn für Noten?“, fragte er. Immer noch konzentrierte er sich auf seinen Teller und schob sich den nächsten Löffel Gulasch in den Mund.

„Es gibt noch eine Eins und eine Eins minus. Viele Dreien und Vieren", erwiderte Lasse. Seine Hoffnung auf ein Lob verpuffte. Was hatte er auch erwartet?
„Deine Klasse wird ja immer schlechter." Sein Vater lachte trocken auf und schüttelte den Kopf.
Das Thema war beendet. Der Vater war wieder ganz bei seinem Gulasch und auch Lasse brachte es endlich fertig weiterzuessen. Die nächsten Minuten waren wieder nur leise Kaugeräusche und dumpfes Löffelgeklimper zu hören. Erst als Lasse schon fast aufgegessen hatte, fing sein Vater wieder an zu sprechen.
„Denkst du an das Geschäftsessen, Annabell?"
Er sah Lasses Mutter flüchtig an, blickte dann aber wieder auf seinen Teller. In die Augen sahen sich die beiden selten.
„Natürlich!" Sie richtete sich kerzengerade auf und strich sich ihr kurzes Haar zurück. Wie Lasse hatte sie glattes, dünnes Haar. Nur war es nicht blond wie bei ihm, sondern braun. „Lasse, möchtest du nachher mit dem Sohn von Herrn Gärtner nebenan spielen? Papa und ich müssen mit einem Kunden essen gehen."
„Ich will lieber angeln gehen." Lasse musste nicht lange überlegen.
Vor Kurzem hatte er hinterm Wald einen großen See entdeckt, der wie geschaffen zum Angeln schien. Endlich musste Lasse nicht mehr kilometerweit zum nächsten Fluss fahren. Der Wald fing direkt auf der anderen Straßenseite an. Und bis zum Wasser war es dann auch nicht mehr weit.

In Gedanken stand er schon am Ufer, in der Hand seine neue Angel, die ihm seine Eltern vor ein paar Wochen zu seinem elften Geburtstag geschenkt hatten.
„Auch gut, oder?“, sagte seine Mutter und sah ihren Mann fragend an.
Der zuckte mit den Schultern und stand wortlos auf. Der dicke Bauch schleifte an der Tischkante entlang und brachte das Geschirr zum Klirren. Lasse sah, wie sich dabei ein Knopf von seinem weißen Hemd löste und im leeren Teller vor ihm landete. Doch scheinbar hatte keiner seiner Eltern etwas bemerkt. Und Lasse wollte bestimmt nicht die Laune seines Vaters strapazieren und etwas dazu sagen. Immer noch wortlos marschierte der jetzt auf die Küchentür zu und verließ den Raum. Die fehlende Antwort war Antwort genug. Lasses Vater schien nichts gegen die Angelpläne zu haben. Falls sie ihn überhaupt interessierten.
„Was soll Lasse denn mit dem Nachbarsjungen?“, rief er plötzlich aus dem Flur. „Der soll sich besser jemanden aus seiner Klasse zum Spielen suchen. Wozu haben wir ihn denn auf diese Schule geschickt? Die Kinder dort sind ein viel besserer Umgang. Das sind nicht solche Verlierer wie die Gärtners!“
Lasses Vater teilte Menschen gerne in Gewinner und Verlierer auf. Was es mit diesen Menschengruppen genau auf sich hatte, wusste Lasse nicht. Gewinner waren auf jeden Fall die Besseren. Verlierer waren in allem schlechter, wertlos oder auch einfach nur seltsam. Sein Vater selbst

war natürlich ein Gewinner. Der hatte nämlich eine eigene Firma. Herr Gärtner war nur Angestellter einer Gärtnerei. „Dieser Mann ist doch wirklich ein Witz. Völlig unbedeutend!“, fand Lasses Vater. „Der soll sich mal besser ein Beispiel an uns nehmen. Und an meiner Firma.“
Die Firma von Lasses Vater stellte Pflanzenschutzmittel her. Oder wie es Lasses Meinung nach viel ehrlicher hieß: Insektenvernichtungsmittel. Doch das Wort benutzte sein Vater seltsamerweise sehr selten. Und das, obwohl der gerne auf allen Insekten herumhackte. „Ohne dieses Kleingetier“, so sagte er häufig, „wäre die Welt viel besser dran.“
Lasse selbst störten die kleinen Tiere nicht, mit denen er seinen Wald teilte. Doch woanders waren sie scheinbar ein großes Problem. Auf den Äckern, im Garten und im Haus zum Beispiel hatten sie nichts verloren. Das sagte zumindest sein Vater. Wenn man den über seine Pflanzenschutzmittel reden hörte, konnte man fast meinen, er würde damit die Menschheit retten.
Doch, Verlierer und Gewinner hin oder her, Lasse war sowieso lieber allein. Irgendwie hatte er den Anschluss in seiner Klasse verpasst. Als er eingeschult worden war, hatten sich sofort kleine Gruppen gebildet. Jeder schien jemanden gefunden zu haben, mit dem er gemeinsam in die Pausen ging. Jeder hatte jemanden, dem er einen Platz freihalten wollte. Lasse aber hatte nie so jemanden gefunden. Auch nicht in der Nachbarschaft. Er blieb allein, wollte daran aber auch seltsamerweise gar nichts ändern.

Am liebsten verbrachte er die Zeit einfach nur mit seiner Angel irgendwo draußen am Wasser. Besonders an Tagen wie heute, wo sich der Sommer von der besten Seite zeigte.
Als Lasse seinen Teller geleert hatte, stellte seine Mutter das Geschirr zusammen und fing an, den Tisch abzuräumen. Sein Vater war längst wieder auf dem Weg in die Firma.
„Ich gehe in den Wald", verkündete Lasse und verschwand schnell im Flur. Nicht, dass er noch im Haushalt helfen musste.
Danach ging er hoch in sein Zimmer und zog seinen Angelrucksack unter dem Bett hervor. Sein Herz machte einen kleinen Freudensprung. Ein ganzes Wochenende nur mit seiner neuen Angel stand ihm bevor. Lasse steckte die Rute am Rucksack fest, packte ein Lexikon über Waldtiere ein und machte sich auf den Weg ins Unterholz.
Er liebte den Wald. Besonders jetzt im Sommer, wo der so unglaublich grün und lebendig war. Sobald Lasse nur noch Bäume um sich hatte, fühlte er sich einfach federleicht. Hier gab es keine Regeln wie zu Hause oder in der Schule. Außer ihm waren da nur noch tausende Vögel, die sich wahrscheinlich genauso frei fühlten wie er. Im Wald gab es keine Sorgen.

Missi

Es dauerte über eine Viertelstunde, bis Lasse den See in der Ferne sehen konnte. Begeistert legte er einen Zahn zu. Sein Ziel war ein alter Holzsteg, den er schon letztes Mal entdeckt hatte. Ein idealer Angelplatz. Doch als er sich dem alten Steg näherte, hörte er auf einmal ein lautes Klopfen. Es klang wie ein Hammer, der auf einen Nagel geschlagen wurde. Etwa hier im Wald?
Lasse wurde neugierig. Er spitzte die Ohren und sah sich um. Das Klopfen schien von allen Seiten zurückzuschallen. Aber er hatte Ohren wie ein Luchs und so erkannte er im nächsten Moment, woher der Lärm kam. Direkt am Seeufer war ein Mädchen, das so alt sein musste wie er. Es kniete neben der untersten Sprosse einer Leiter, die in die Baumkrone einer riesigen Buche hinaufführte. Zwischen den Ästen erkannte Lasse in ungefähr zwei Metern Höhe eine hölzerne Plattform. Auf dem Waldboden darunter lagen Bretter und Seile verstreut. Einen alten Werkzeugkasten konnte er auch erkennen. Scheinbar war das Mädchen dabei, ein Baumhaus zu bauen. Und das ganz allein und ohne Hilfe. Lasse machte große Augen. Das Problem war nur, dass die Buche direkt neben dem alten Steg stand, den er doch so gerne für sich allein gehabt hätte. Er ließ das Mädchen nicht aus den Augen, als er weiter Richtung Buche stolperte. Es war etwas kleiner als er und hatte schwarze Locken, die bis zu den Schultern gingen.

Bald war Lasse nur noch cin paar Meter von dem Mädchen entfernt. Es kniete mit dem Rücken zu ihm und hatte ein großes, sperriges Brett vor sich liegen. Die Jeans-Latzhose sah so aus, als hätte es in einer Schlammpfütze gebadet. Was wohl die Eltern dazu sagten?
Als das Mädchen gerade die Haare zu einem kleinen Zopf schräg über dem Kopf zusammenband, entdeckte es Lasse.
„Hallo", sagte es, drehte sich zu ihm und strahlte ihn an.
„Hallo", erwiderte Lasse, leiser als gewollt, und räusperte sich.
„Spielst du auch hier?" Das Mädchen schaute ihn neugierig an. Es lächelte immer noch.
In Lasse stieg ein seltsames, aber schönes Gefühl hoch. Er vergaß völlig zu antworten. Stattdessen starrte er das Mädchen einfach nur an.
„Kann ich dir helfen?", fragte es weiter. Dann klemmte es sich das große Brett unter den Arm und versuchte, damit auf die Leiter zu steigen.
Lasse fand die Frage merkwürdig. Genaugenommen war es doch das Mädchen, das Hilfe brauchte. Er stellte seine Sachen auf dem Waldboden ab und starrte weiter Richtung

Leiter. Auf einmal war ihm das Angeln gar nicht mehr so wichtig.

„Wirkt irgendwie windschräg.“ Lasse musterte die Plattform.

„Bist du hier, um blöde Sprüche zu reißen?“, fragte das Mädchen. „Du kannst mir helfen oder gehen und woanders herumstehen und klugscheißen.“

Obwohl es Lasse einen kleinen Stich versetzte, fühlte er sich trotzdem willkommen. Das lag wahrscheinlich daran, dass das Mädchen immer noch lächelte. Zögernd beobachtete er, wie es mit Mühe versuchte, das Brett die Leiter hochzubugsieren. Dann sah er sich auf dem Waldboden um und hatte schnell eine Idee.

Er nahm ein langes Seil vom Boden und warf es über einen Ast schräg über der Plattform. Dann nahm er dem Mädchen das Brett ab, knotete es an einem Seilende fest und zog es wie an einem Flaschenzug hoch. Das Mädchen lächelte noch breiter. Dann kletterte es die Leiter hoch, entknotete, oben angekommen, das Brett und verfrachtete es auf die Plattform.

„Danke!“, rief es. „Machst du weiter?“ Es nickte zu den anderen Brettern am Boden.

Lasse zog ein Brett nach dem anderen zur Plattform hoch. Er freute sich helfen zu können. Keiner sagte ein Wort. Und trotzdem war beiden immer klar, was als Nächstes zu tun war.

„Jetzt der Werkzeugkasten!“, rief das Mädchen. „Der ist ziemlich schwer. Pass auf!“

„Ok.“ Lasse hievte den Kasten unter den Flaschenzug und band das Seil um den Griff.
„Wie heißt du?“, fragte das Mädchen.
„Lasse.“ Er zog kräftig am Seil, um den schweren Kasten hochzubekommen. „Und du?“
„Missi“, rief das Mädchen und knotete den Werkzeugkasten frei. „Willst du mir helfen, ein Geländer zu bauen? Die Plattform habe ich gestern mit meinem Vater gebaut. Heute hat er leider keine Zeit mehr. Ich versuche jetzt, allein weiterzumachen.“
Missi legte sich bäuchlings auf die Plattform und sah runter zu Lasse. Ihr lockerer Zopf rutschte ihr dabei fast auf die Stirn.
„Klar!“, antwortete er und sein Herz machte einen Sprung.
Missi grinste. „Ich hoffe, die Bretter reichen aus.“
Seine Angel vergaß Lasse komplett. In seinem Kopf war jetzt nur noch das Baumhaus. Was nicht mit Brettern gebaut werden konnte, schafften sie mit heruntergefallenen Ästen. Zum Glück hatte Missi in ihrem Werkzeugkasten viele verschiedene Nägel, die sie verwenden konnten. Doch es war meistens gar nicht so leicht, in dem Durcheinander einen geeigneten Nagel zu finden. Noch nie hatte Lasse einen so unordentlichen Werkzeugkasten gesehen. Missi schien das allerdings überhaupt nicht zu stören. Einen Nagel nach dem anderen nahm sie heraus und schlug sie ins Holz. Lasse staunte nicht schlecht. Aber auch er legte sich mächtig ins Zeug. Und das, obwohl er ziemlichen Bammel vor dem Rand der Plattform hatte.

Lasse fand einige Dinge über Missi heraus. Sie war zehn Jahre alt und ging auf eine andere Schule als er. Genauso wie er wohnte sie direkt am Wald, nur auf der anderen Seite. Es war noch nicht einmal derselbe Ort, in dem sie wohnten. Schon nach zwei Stunden hatte das Baumhaus ein festes Geländer auf der Seeseite. An den übrigen drei Seiten hatte es richtige Wände bekommen. Nur eine Öffnung gab es, die zur Leiter führte.
Lasse war begeistert. Das Haus war einfach toll und überhaupt nicht windschräg, wie er zuerst behauptet hatte.
„Puh!", schnaufte Missi, als sie nach dem letzten Nagel den Hammer erschöpft fallen ließ. „Ich hätte nicht gedacht, dass wir heute so viel schaffen."
Zufrieden strahlte sie Lasse an, als hätten sie die Weltmeisterschaft im Baumhausbauen gewonnen. Erst jetzt bemerkte er die vielen kleinen Sommersprossen, die ihre Wangen schmückten. Und noch etwas schmückte Missi: An ihren Ohren hingen kleine Braunbären. Noch nie hatte Lasse so schöne Ohrringe gesehen. Er hätte es ihr gerne gesagt, doch er traute sich nicht. Überhaupt fiel ihm nicht viel ein, was er Missi erzählen konnte. Aber das schien sie gar nicht zu stören.
Sie setzte sich an den Rand der Plattform, ließ die Füße baumeln und streckte ihr Gesicht zur Sonne. Spärlich fielen ein paar Strahlen durch die Blätter. Lasse setzte sich zögernd dazu und schaute runter. Durch das Geländer hatte er zum Glück keine große Angst vor der Höhe. Aus seinen

Augenwinkeln sah er zu Missi, die die Augen geschlossen hatte. Ein paar Sonnenstrahlen tanzten auf ihren Lidern. Lasse machte jetzt auch die Augen zu und lehnte seinen Kopf an das Geländer. Noch nie hatte sich Stille für ihn so gut angefühlt.

„Ich muss gleich los." Missi zog langsam ihre Beine auf die Plattform. „Es ist schon spät." Dann sprang sie auf ihre Füße.

Lasse nickte und stand auch auf. „Soll ich morgen wiederkommen?"

Gespannt wartete er auf ihre Antwort.

„Klar, gerne", sagte sie mit leuchtenden Augen und stieg auf die Leiter.

Lasse wurde jetzt richtig warm in der Brust. Schon jetzt konnte er es kaum erwarten wieder herzukommen. Er folgte Missi die Leiter hinunter und hob seinen Angelrucksack vom Waldboden auf.

„Bis morgen?", sagte er und merkte, dass es wie eine Frage klang.

„Bis morgen!", antwortete Missi fröhlich und stapfte davon.

Auch Lasse machte sich auf den Weg, nur in die entgegengesetzte Richtung. Nach ein paar Sekunden drehte er sich aber noch einmal um und sah den schwarzen Lockenkopf hinter den Bäumen verschwinden. Nein, er hatte nicht geträumt. Missi gab es wirklich.

Sie war anders als er. Wie genau, das konnte er nicht sagen. Sie war stark. Aber so, wie Lasse es noch nie kennengelernt hatte. Außerdem wirkte sie glücklich. Viel glücklicher als er.

Als Lasse durch das Unterholz stapfte, fühlte er sich seltsam leicht. Noch viel leichter als auf dem Hinweg. Doch als er kurz darauf vor seinem Elternhaus stand, verflog dieses Gefühl wieder. Sollte er seinen Eltern von seiner neuen Freundin erzählen?

Das Unkrautbeet

Es war fast zehn Uhr, als Lasse am nächsten Tag beim Baumhaus ankam. Missi war noch nicht da. Er stellte seine Angelsachen auf dem Steg ab und kniete sich ans Wasser. Alles war ruhig. Lasse beugte sich über den Stegrand und tauchte seine Hand in den See. Das Wasser fühlte sich frisch, aber weich an. Ob man hier gut baden konnte?
Dann ging Lasse zurück zu seinem Rucksack und griff nach Rute und Köderkasten. Endlich konnte er seinen neuen Angelsee austesten.
Seinen Eltern hatte er noch nichts von Missi erzählt. Als sein Vater und seine Mutter gestern Abend von ihrem Geschäftsessen wiedergekommen waren, hatte Lasse schon längst in seinem Bett gelegen. Und heute Morgen am Frühstückstisch hatte er keine Lust gehabt, überhaupt irgendetwas zu erzählen. Sein Vater hatte einfach zu mürrisch gewirkt. Vielleicht war es sowieso erst mal besser, Missi ein Geheimnis bleiben zu lassen. Denn vielleicht würde sein Vater sowieso nichts von ihr halten.
Als Lasse die Angel vorbereitet hatte, holte er mit der Rute aus und schoss den Haken weit auf den See hinaus. Dann steckte er die Angel fest und legte sich bäuchlings auf den Steg. Die rote Pose, die die Stelle des Köders markierte, hatte er fest im Blick.
Wie schön es hier im Wald war. Gestern Abend im Bett hatte Lasse in seinem Tierbuch nach dem Braunbären gesucht.

Missis schönen Ohrringe hatte er einfach nicht vergessen können. Braunbären lebten häufig in Wäldern. Das würde Lasse auch gefallen. Wenn der Wald sein Zuhause wäre, hätte er wahrscheinlich nie wieder Sorgen. Und er wäre frei. Er musste nur noch lernen, sich an die Nahrung hier draußen zu gewöhnen. Wie zum Beispiel an Regenwürmer.
Er sah auf sein kleines mit Erde gefülltes Einmachglas. Die Regenwürmer, die er zum Angeln gesammelt hatte, schlängelten sich an den durchsichtigen Wänden entlang. Lasse lief ein Schauer über den Rücken. Nein, so etwas wollte er lieber doch nicht essen.
„Schon etwas gefangen?“ Jemand tippte ihm auf den Rücken. Hätte Lasse nicht so stabil auf seinem Bauch gelegen, wäre er bestimmt vor Schreck ins Wasser gefallen. Missi kniete sich neben ihn und grinste ihn an, als wäre Weihnachten. Die Jahreszeit passte nur überhaupt nicht.
„Leider noch nicht.“
Lasses Herz klopfte. Ganz abgesehen von dem Schreck einfach deswegen, weil er sich tierisch freute, seine neue Freundin wiederzusehen. Seine geliebte Stille war plötzlich unwichtig. Missi sah noch genauso aus wie gestern. Die Braunbären an ihren Ohren erkannte er sofort wieder. Und die Latzhose war noch genauso schmutzig.

„Kannst du es mir beibringen?" Missi nickte mit leuchtenden Augen zur Angel. „Wäre doch super, wenn wir uns hier unseren eigenen Fisch angeln und grillen könnten."
„Kann ich machen."
Lasse versuchte, Missis Grinsen zumindest mit einem kleinen Lächeln zu erwidern. Insgeheim war er stolz und glücklich, dass sie etwas von ihm lernen wollte. Aber komischerweise konnte er diese Freude nicht richtig zeigen. Schon gar nicht so, wie Missi es immer tat.
„Schau mal." Missi kramte in ihrem Rucksack und holte ein langes, dickes Seil hervor. „Ich dachte, wir könnten uns daraus eine Schaukel bauen. Eine, mit der wir vom Baumhaus aus in den See springen können. Schließlich sind bald Sommerferien und man kann in dem See super baden." Sie warf das Seil schwungvoll auf den Bretterhaufen.
Erst jetzt fiel Lasse wieder ein, dass in einer Woche die Sommerferien anfingen. Bisher hatte er sich da keinen großen Kopf drum gemacht. Schließlich würden seine Eltern sowieso nicht mit ihm wegfahren. Und außerdem hätten sechs Wochen ohne Schule ja schon fast langweilig werden können. Doch jetzt machte sein Herz einen großen Sprung. Wenn er diese Zeit hier am Baumhaus verbringen konnte, würden es mit Sicherheit aufregende Wochen werden.
„Schaukel klingt gut!", erwiderte Lasse, obwohl ihm ein kleiner Schauer über den Rücken lief. Schließlich hatte er schon genug Bammel vor dem Rand der Plattform. Dann

zeigte er auf den Waldboden neben der Buche. „Was hältst du von den Brettern? Mein Vater braucht die nicht mehr.“ Lasse hatte am Morgen im Gartenschuppen ein paar große Bretter gefunden. Er erinnerte sich daran, dass sein Vater vor ein paar Wochen noch lauthals über sie geflucht und gegen sie getreten hatte. „Wieso sind die eigentlich noch nicht auf dem Schrotthaufen?“, hatte der gerufen. Nein, die Bretter würde zu Hause keiner mehr vermissen. Da war Lasse sich sicher. Also hatte er sie heute einfach unter dem Arm geklemmt und mitgebracht.

„Natürlich! Gute Idee. Willst du daraus das Dach bauen?“ Missi war mit einem Satz bei dem Bretterstapel und versuchte ihn anzuheben.

„Mhm“, stimmte Lasse ihr zu, denn genau das hatte er sich gedacht.

„Sind schwerer, als ich dachte“, stellte Missi fest, als sie den Bretterstapel anhob.

Trotzdem fing sie an, die Bretter keuchend zur Leiter zu tragen. Lasse folgte ihr und hob wortlos mit an. Dass die Bretter schwer waren, hatte er auch schon festgestellt. Doch jetzt freute er sich, Missi beim Tragen helfen zu können. Denn die hatte eindeutig weniger Kraft als er.

Schon nach kurzer Zeit hatten sie die Bretter mit ihrem Flaschenzug auf das Baumhaus befördert. Danach folgte Lasse Missi auf die Plattform. Seine Angel hatte er mal wieder völlig vergessen.

„Vielleicht sollten wir zuerst noch einen Dachfirst in der

Mitte bauen“, schlug er vor. „Dann können wir die Bretter schräg daranlegen und befestigen. Weißt du, was ich meine? So wie ein ganz normales spitzes Hausdach.“

„Tolle Idee!“ Sofort war Missi auf der Leiter, um mit der Arbeit anzufangen. „Wir sollten uns dafür einen langen Ast suchen.“

Lasse gefiel es sehr, mit Missi zusammenzuarbeiten. Sie war wie ein Zugpferd, das dafür sorgte, dass man schnell vorankam. Wenn es eine gute Idee gab, setzte sie auch gleich alle Hebel dafür in Bewegung, sie in die Tat umzusetzen. Das war ziemlich praktisch. Außerdem fühlte Lasse sich bei Missi gebraucht, weil er stärker war als sie und mit anpacken konnte, wenn ihre Kraft nicht ausreichte.

„Hier!“, rief Lasse, als sie die Umgebung absuchten. Doch es war kein Ast, den er am Seeufer fand. „Sieht aus wie ein Baumstamm. Siehst du? Da sind noch Wurzeln dran.“

„Oh, ja!“ Missi ließ ihren Blick über seinen Fund wandern. „Das war bestimmt noch ein ganz junger Baum. Der ist ja noch ganz dünn. Ist das auch eine Buche? Oder etwa eine Eiche?“

„Eine Eiche“, erklärte Lasse und musste lächeln. Er freute sich, dass Missi sich genauso sehr für den Wald interessierte wie er. „Die Rinde sieht schon ein ganz kleines bisschen rissig aus, siehst du das? Das wird später noch viel mehr werden. Das ist bei Eichen so. Buchen haben das aber nicht.“

„Stimmt! Jetzt sehe ich es auch.“ Missi fuhr mit dem Daumen über die Rinde. Dann packte sie den Stamm, um ihn

zusammen mit Lasse zum Baumhaus zu tragen. „Wir sollten die Äste und die Wurzeln noch absägen, sonst hängen die noch in unser Haus rein."
Das Sägen kostete Lasse viel Kraft. Genauso schwer war es, den Stamm mit dem Flaschenzug auf das Baumhaus zu bekommen. Missi musste sogar mit am Seil ziehen. Erst als der Stamm ganz oben war und Lasse ihn dort allein halten konnte, kletterte sie hoch und zog ihr Fundstück auf die Plattform.
„Geschafft!", rief sie, als sie den kleinen Baum freigeknotet hatte und Lasse ihr nachgeklettert war. „Und jetzt?" Sie sah sich auf dem Baumhaus um. „Der First muss ja schließlich höher sein als die Wände."
„Hm." Lasse rieb sich das Kinn. Das war eine gute Frage.
„Wir könnten ihn auf zwei Pfähle stützen", schlug er vor.
„Willst du etwa noch zwei Baumstämme hier hochholen?" Missi lehnte sich gegen das Geländer und schnaufte laut. Scheinbar hatte sie keine Lust.
„Es reichen bestimmt auch Äste. Vielleicht finden wir welche mit einer Gabel." Lasse sprang auf, so begeistert war er von seinem eigenen Vorschlag. „Die könnten wir wie ein Ypsilon aufstellen und an den Wänden befestigen. Und in die Gabelstücke legen wir den Stamm. Was sagst du?"
„So machen wir's!", rief Missi und sprang wieder auf die Leiter. Dieses Mal war sie es, die im Wald fündig wurde. Noch bevor Lasse richtig angefangen hatte zu suchen, stand sie schon mit zwei Ästen an der Leiter.

„Die sind zwar unterschiedlich lang", erklärte sie, „aber wir können sie ja so anbringen, dass die Gabeln auf gleicher Höhe sind."

Wieder auf der Plattform angekommen, öffnete Lasse den Werkzeugkasten und schaute hinein. Wie schaffte es Missi, hier etwas zu finden?

„Was nehmen wir?" Er sah sie fragend an. „Nägel?"

Lasse vergrub seine Hand im Nagelsammelsurium, in der Hoffnung, etwas anderes Brauchbares zu finden. Doch er gab es bald auf.

„Wieso nicht?" Missi hob die Augenbrauen. „Nimm die großen. Die können wir in die Wände schlagen und dann um die Äste biegen."

Lasse überlegte. Vielleicht musste man einfach gute Ideen haben, wenn man so chaotisch war. Bei ihm zu Hause hatte alles seine Ordnung. Deshalb gab es dort auch für alles, was man bauen wollte, das passende Material. Aber wieso sollte es nicht auch so funktionieren, wie Missi es vorgeschlagen hatte?

Sie hielt die Äste in Position und Lasse schlug die

Nägel ein. Es klappte tatsächlich super. So, wie Missi es sich vorgestellt hatte. Danach hievten sie den Dachfirst in die Astgabeln.
„Ist richtig stabil geworden." Missi rüttelte an dem First.
Auch Lasse versuchte, an dem Stamm zu wackeln. Er war bombenfest.
„Und jetzt deine Bretter." Missi hob eines der Bretter an. „Die legen wir schräg zwischen Wand und Dachfirst."
Lasse packte mit an. „Aber nur auf einer Seite", sagte er. „Sonst können wir ja nirgendwo richtig stehen."
„Au ja! Dann haben wir eine Terrasse." Missi strahlte.
Lasse nickte. „Genau."
Schon bald war über einer Hälfte der Plattform eine schräge Dachfläche angebracht. Sie war gerade so hoch, dass Lasse am höchsten Punkt noch darunter stehen konnte.
„Wir brauchen noch irgendetwas, womit wir das Dach abdichten können. Wenn wir nur die Bretter haben, sind wir beim nächsten Regen klitschnass", stellte er fest.
„Das machen wir morgen", schnaufte Missi und setzte sich auf den Boden.
Auch Lasse ließ sich geschafft neben Missi fallen. „Einverstanden!"
Sie rutschten zum Plattformrand und ließen ihre Füße baumeln. Das Geländer war eine tolle Konstruktion. Man fühlte sich sicher, hatte Halt und konnte sich herrlich hängenlassen.
„Ich glaube, die Fische interessieren sich nicht für meinen

Köder“, stellte Lasse fest und sah zu seiner Angel. Schon seit dem Morgen stand sie reglos auf dem Steg.
„Vielleicht hatten sie heute Morgen ja schon ein Frühstück und sind noch satt.“ Mit ernster Miene zog Missi die Augenbrauen kraus. Lasse wusste nicht, ob das ein Witz sein sollte oder nicht. „Aber jetzt ist ja Mittagszeit. Warte nur ab, bald beißt einer an. Sie decken schon den Mittagstisch.“ Missi lachte.
Lasse schaute grübelnd auf den See. „Ich schau mal nach der Angel“, sagte er schließlich und kletterte die Leiter hinunter.
Unten angekommen, nahm er die Rute in die Hand und holte die Schnur ein. Dann sah er in seinen Köderkasten und überlegte. Eigentlich hatte er Karpfen erwartet, aber die schienen sich nicht für seinen Köder zu interessieren. Eine besondere Essenszeit gab es bei Karpfen nicht, da war Lasse sich sicher. Nein, unten im See saßen keine Fische am gedeckten Tisch. Auch wenn Missi das behauptete.
Schließlich nahm er den alten, ausgeblichenen Regenwurm vom Haken und schob einen frischen darauf. Dann holte er aus und ließ den Köder an einer anderen Stelle als zuvor im See landen. Wieder befestigte Lasse die Angel am Rutenhalter, sodass sie von allein stehen konnte. Danach ließ er sich im Schneidersitz auf dem Steg nieder und blickte aufs Wasser. Auch wenn er das gemeinsame Arbeiten mit Missi sehr schön gefunden hatte, freute er sich jetzt trotzdem wieder über die Stille.

„Wie wär's, wenn wir uns einen kleinen Garten unter dem Baumhaus anlegen?", rief Missi vom Baumhaus herüber. „Eine Löwenzahnwiese oder so. Ich habe vorm Wald schon ganz viel Löwenzahn entdeckt."

Lasse hob erstaunt den Kopf. Irgendwie war dieses Mädchen verrückt. War Löwenzahn nicht Unkraut? Löwenzahn warf seine Mutter immer tonnenweise auf den Komposthaufen.

„Warum willst du denn einen Unkrautgarten anlegen?", fragte er und blickte zu Missi hinauf.

„Löwenzahn ist schön!", schwärmte sie. „Und er schmeckt sehr gut."

„Du isst das?" Lasse sperrte Mund und Nase auf.

„Klar!", antwortete Missi, als wäre es das Normalste der Welt. „Am liebsten im Salat."

„Aber es ist Unkraut", versuchte Lasse ihr zu erklären. „Un-Kraut. Man hört doch schon am Namen, dass man das eigentlich nicht im Garten haben will."

„Ach ja?" Missi wirkte empört. „Also gibt es richtige und falsche Blumen?"

Lasse war verwirrt. Er hatte das Gefühl, als wollte Missi ihm gerade erklären, dass eins plus eins nicht unbedingt zwei ergeben musste. Natürlich gab es falsche Blumen. Wieso verstand sie das nicht?

„Können wir uns ja noch überlegen", sagte er und wollte das Thema damit gerne beenden. Er wollte nicht mehr über Missi denken, dass sie seltsam war. Er wollte sie wieder so toll finden, wie er sie heute Morgen noch gefunden hatte.

„Machen wir“, stimmte Missi zu. „Hat ja auch noch Zeit.“ Dann wuselte sie wieder im Baumhaus herum und Lasse starrte erneut auf Wasser und Pose. Noch immer tat sich nichts.

„Ich muss gleich zum Essen nach Hause.“ Missi lehnte sich über das Geländer und sah zu Lasse. „Und danach wollte ich mit Mama ein Geburtstagsgeschenk für Papa basteln.“ Sie stieg die Leiter herunter und sammelte ihre Sachen zusammen. Lasse sah ihr zu.

„Kommst du dann heute nicht mehr wieder?“, fragte er zögernd.

Eben noch hätte er für einen kurzen Moment lieber allein mit seiner Angel am See gesessen. Aber die Vorstellung, Missi erst am nächsten Tag wiederzusehen, gefiel ihm nun doch nicht so gut.

„Nein. Aber morgen bin ich wieder da“, sagte sie und Lasse konnte in ihrer Stimme Vorfreude hören. Der kleine Streit, falls es überhaupt einer gewesen war, schien vergessen.

„Viel Erfolg noch!“ Missis Blick wanderte zu Lasses Angel. Dann schulterte sie ihren Rucksack und stapfte los. „Bis morgen.“

„Bis morgen“, sagte Lasse und sah ihr nach.

Als sie verschwunden war, fühlte es sich für einen Moment fast sinnlos an, selbst noch zu bleiben. Doch Lasse beschloss, dass er mindestens einen Fisch geangelt haben wollte, bevor er nach Hause ging. Er warf die Angel noch viele Male aus, testete andere Stellen im See und andere

Köder, doch nichts geschah. Es war fast zum Verzweifeln! Schließlich packte er gegen Abend seine Angelsachen zusammen und machte sich ohne Beute auf den Heimweg. Als er sich seinen Weg durch das Unterholz schlug, fiel ihm wieder Missis Vorschlag ein. Ein Unkrautbeet unter dem Baumhaus? Sein Vater würde jemanden, der Löwenzahn hübsch fand und sogar aß, ganz bestimmt für einen Verlierer halten.
Aber wenn Lasse ehrlich war, fand er selbst die gelben Blüten auch unheimlich schön. Und vielleicht konnte man die Pflanze ja auch wirklich essen. Schließlich aßen sie auch manche seiner geliebten Tiere.
Missi war ohne Zweifel ziemlich anders. Aber konnte ein Mensch, bei dem er sich leicht wie eine Feder fühlte, überhaupt ein Verlierer sein? Vielleicht war sie selbst ja wie Löwenzahn: für manche schön und wertvoll und für andere ein Unkraut.

Der Blätterverband

Sonntage mochte Lasse nur halb so sehr wie Samstage. Erstens war das Wochenende dann immer schon fast vorbei und zweitens war an diesem Tag immer Putztag. Sonntage waren bei Lasses Familie nämlich dafür da, das Haus für die nächste Woche auf Vordermann zu bringen. Früher hatte sein Vater dafür eine Putzfrau gehabt. Und danach noch eine. Nie war er zufrieden. Nach der dritten hatte er schließlich gesagt: „Wieso soll ich für die Frauen Geld ausgeben, wenn meine Frau das auch kann?“

Damit war beschlossen, dass Lasses Mutter das übernehmen sollte. Und Lasse half ihr dabei. Das hieß für ihn, dass er nicht nur sein Zimmer aufräumen, sondern auch das obere Stockwerk putzen musste. Das Aufräumen war nach wie vor nicht so schlimm. Das ging meistens schnell und notfalls konnte er auch schummeln und seine Spielsachen im Kleiderschrank verstecken. Beim Putzen war das anders. Dabei gab es keine Möglichkeiten zu schummeln. Und selbst wenn Lasse der Meinung war, schon alles sauber gemacht zu haben, war es meistens trotzdem noch nicht genug. Sein Vater fand fast immer irgendetwas, was noch blanker geschrubbt werden konnte. Das konnte einem ziemlich die Laune vermiesen.

Doch an diesem Sonntag war es anders. Lasse freute sich so sehr auf Missi und das Baumhaus, dass ihm die ganze Hausarbeit nur halb so schwerfiel. Es dauerte trotzdem eine

Ewigkeit, bis er endlich losdurfte, denn die Adleraugen von seinem Vater für Schmutz und Staub waren heute ganz besonders wachsam. Und schließlich gab es auch noch Mittagessen, bei dem Lasse nicht fehlen sollte. Doch dann durfte er endlich los.

Kaum war der Tisch abgeräumt, lief er direkt zum See. Seine Angelausrüstung ließ er zu Hause. Die Pleite vom Vortag steckte noch zu sehr in seinen Knochen. Er musste sich erst einmal gut überlegen, wie er den nächsten Auswurf angehen wollte. Irgendwo in dem See mussten doch schließlich Fische sein, die sich fangen ließen.

Als er am Baumhaus ankam, saß Missi auf der Plattform und wühlte in ihrem Werkzeugkasten. Neben ihr lag etwas Großes, Weißes, das Lasse vom Waldboden aus nicht erkennen konnte.

„Hallo, Lasse!" Missi bemerkte ihn erst, als er die Leiter schon hochgeklettert war. Fröhlich grinste sie ihn an. „Sieh mal, was ich mitgebracht habe." Sie zeigte auf das große, weiße Etwas. Jetzt erkannte Lasse, dass es eine Plane war. Missi faltete sie auseinander.

„Die ist riesig. Fast so groß wie Mamas und Papas Bett." Sie zog die Plane so weit auseinander, dass sie selbst darunter verschwand. Jetzt sah sie aus wie ein Gespenst. „Ich dachte, dass wir das Dach so am besten regensicher bekommen."

„Na klar!", rief Lasse. „Genau so was haben wir gebraucht." Er half ihr, die Plane über das schräge Dach zu werfen. Danach dauerte es eine ganze Weile, bis der First und die

Bretter richtig abgedeckt waren. Immer wieder musste an einer Seite nachgezogen werden.

„Wir haben auf jeden Fall genug Plane", stellte Missi strahlend fest. „Ich dachte schon, es könnte nicht reichen, aber wir müssen wahrscheinlich eher noch was abschneiden."

„Stimmt." Lasse klopfte auf seine Hosentasche. „Ich habe heute sogar mein Taschenmesser mit."

„Toll! Darf ich das gleich ausprobieren?"

„Klar."

Endlich hatten sie die Plane gleichmäßig auf dem Dach verlegt. Mit ein paar Nägeln hämmerten sie sie anschließend außen an den Seiten fest. Lasse übernahm die Vorderseite und Missi, die sich traute, auf das Dach zu klettern, schlug die Nägel an den Seiten und an der Rückwand ein. Jetzt sah das Baumhaus fast aus wie ein echtes Zuhause.

„Und jetzt das Messer", rief Missi und streckte die Hand aus.

„Hier, bitte." Lasse reichte ihr sein zusammengeklapptes Taschenmesser. „Ist scharf. Pass bloß mit der..."

„Aaahua!"

Missis Schrei fuhr ihm tief in die Knochen. Schlagartig ließ sie das Messer mit einem lauten *Klong* auf die Plattform fallen und riss ihre Hand Richtung Gesicht. Was war passiert?

„Aua!", rief sie noch einmal, dieses Mal etwas leiser und dumpfer. Ihr linker Daumen steckte tief in ihrem Mund.

Lasse lief ein Schauer über den Rücken. „Was hast du gemacht?“

Dann sah er runter zur Plattform. Das Messer lag aufgeklappt auf den Brettern und es war eindeutig eine dunkelrote Flüssigkeit daran zu erkennen.

„Ich hab‘ mich geschnitten“, murmelte Missi betrübt, ihr Daumen immer noch von ihren Lippen umschlossen.

„Zeig mal!“ Lasse hielt ihr seine offene Hand entgegen.

Missi zögerte kurz und zog ihren Daumen dann aus dem Mund. Schon bevor sie ihre Hand in Lasses legte, konnte er die Wunde erkennen, die sich quer von ihrem Daumennagel zu ihrem zweiten Daumengelenk zog.

„Aua“, wiederholte diesmal er, zog die Augenbrauen kraus und betrachtete grübelnd die Schnittwunde. „Das muss ziemlich wehtun.“

Missi nickte stumm. In ihren Augen glitzerten Tränen.

„Hast du ein Pflaster mit?“, fragte Lasse.

Dieses Mal schüttelte sie den Kopf und steckte sich wieder den Daumen in den Mund, um das neue Blut abzulutschen.

„Hmm...“, murmelte er.

„Aber dahinten wächst Spitzwegerich“, nuschelte Missi an ihrem Daumen vorbei. „Habe ich gestern noch gesehen. Habe mich schon gewundert. Wächst nämlich eigentlich mehr auf Wiesen und nicht im Wald.“

Spitzwegerich? Lasse sah sich um zu der Stelle, auf die Missi zeigte. Doch er sah nichts Besonderes. Was war nochmal Spitzwegerich?

„Das willst du als Pflaster nehmen?“, fragte er.
Und da fiel es ihm ein. Natürlich! Spitzwegerich war ein Kraut, über das er schon einmal in seinem Pflanzenlexikon gelesen hatte. Zugegeben, er wusste nicht mehr genau, was darin genau über diese Pflanze stand. Aber er wusste noch, wie sie aussah.
„Ja, die Blätter kann man auf eine Wunde legen, damit sie schneller heilt“, sagte Missi.
Lasse sprang auf. „Ich hole sie dir!“
Sofort war er auf der Leiter und streifte kurz darauf den Boden auf einem kleinen Wiesenstück neben dem Seeufer ab. Da, wo Missi hingezeigt hatte.
„Ich glaube, ich hab‘s gefunden“, rief er.
Er bückte sich nach einer kniehohen Pflanze mit länglichen Blättern. Vorsichtig ließ er die feinen, grünen Streifen durch seine Finger gleiten. Ja, das musste Spitzwegerich sein.

Jetzt erkannte er auch die länglichen, braunen Blüten mit den weißen Staubblättern.
Er riss die Hälfte der Blätter ab, lief zurück zum Baumhaus und kletterte zu Missi auf die Plattform.
„Ja, das ist es“, sagte sie und zog wieder ihren Daumen aus dem Mund, der immer noch nachblutete. Mittlerweile hatte sie sich im Schneidersitz auf die Plattform gesetzt und lehnte mit dem Rücken an der Baumhauswand.

„Was muss ich machen?“, fragte Lasse, nahm sich ein Blatt aus seiner Sammlung heraus und legte die restlichen auf die Plattform.
„Du musst es zwischen denen Händen zu einer Kugel rollen, bis ganz viel Saft rauskommt.“ Wieder lutschte Missi ihren Daumen ab.
Lasse legte das Blatt zwischen seine Hände und fing an zu reiben. Kurze Zeit später war das zerknüllte Blatt nur noch ein matschiger Klumpen.
„Und jetzt auf die Wunde legen und dann mit einem neuen Blatt festknoten“, erklärte Missi.
Sie sagte es so, als würde sie täglich Wunden mit Blättern verarzten. Genauso, wie sie wahrscheinlich jeden Tag Löwenzahn im Salat aß. Lasse war sich immer noch nicht sicher, ob er das alles nicht lieber doch total bescheuert finden sollte. Aber jetzt wollte er Missi helfen und ihre Wunde verarzten. Und außerdem meinte er, eine leise Stimme in sich zu hören. Eine Stimme, die ihm sagte, dass das, was Missi über Unkraut sagte, wirklich richtig war.
„Dann halt mal deinen Daumen still.“ Lasse führte ihre Hand näher zu sich, sodass er das eingerollte, matschige Blatt vorsichtig auf den roten Schnitt in ihrer Haut legen konnte. Dann nahm er ein zweites Blatt und wickelte den Daumen darin ein. Zum Schluss machte er noch einen Doppelknoten, der zwar alles andere als stabil wirkte, aber hielt.
„Danke.“ Missi seufzte erleichtert.

Lasse lächelte und ließ Missis Hand wieder los, sodass sie sich ihren Verband ansehen konnte.
„Ich bin mir sicher, dass es jetzt schnell heilt", sagte sie und strahlte wieder ein wenig.
Danach rutschte sie vorsichtig ans Geländer und ließ ihre Beine baumeln.
Lasse stand auf und nahm das Taschenmesser. „Ich schneide noch die Plane ab."
Dann wischte er kurz das Blut von der Klinge ab, griff nach dem weißen Kunststoff und schnitt entlang der oberen Kante des Daches ein großes Stück davon ab. Der Rest, der hinten und seitlich an den äußeren Wänden überhing, durfte dort ruhig hängen bleiben. Der störte nicht. Außerdem wollte Lasse nicht ohne Sicherung auf dem Dach herumturnen. Das konnte Missi tausendmal besser.
„Fertig!", rief sie, als Lasse das abgeschnittene Stück Plane auf den Waldboden warf, und hob stolz ihre unverletzte Faust in die Luft. „Zumindest ist unser Dach jetzt regensicher, oder?"
„Stimmt!" Lasse begutachtete ihr Werk. Auch wenn man bestimmt noch Kleinigkeiten schöner machen könnte: Das Dach war fertig.
Zufrieden setzte er sich zu Missi.
„Hast du gestern noch etwas gefangen?", fragte sie und nickte mit dem Kopf zum See.
„Nein", seufzte Lasse. „Leider nicht."
„Schade." Missi machte einen Schmollmund. „Aber man

sieht, dass du es eigentlich voll gut kannst.“ Sie nickte lächelnd.
Verlegen schaute Lasse über den See. Hoffentlich wurde er gerade nicht rot.
„Und heute willst du nicht angeln?“ Missi sah sich suchend um. „Du hast deine Angel nicht mitgebracht.“
„Nein, heute nicht.“ Lasse senkte den Blick, als Missi ihm in die Augen sah. Manchmal fühlte es sich einfach zu gut an, in ein so fröhliches Gesicht zu sehen. Stattdessen konzentrierte er sich auf den Waldboden, als wären dort spannendere Dinge zu sehen als Blätter und Erde. „Aber wenn du willst, kann ich es dir nächste Woche beibringen.“
„Oh, ja!“ Missi war begeistert. „Ich fahre auch in den Ferien nicht weg. Dann hätten wir genug Zeit.“
„Ich bin auch die ganzen Ferien über da.“ Wieder machte Lasses Herz einen großen Freudensprung.
Da sein Vater viel arbeitete, fuhr seine Familie selten weg. Meistens waren die Ferien spätestens nach der zweiten Woche langweilig. Aber dieses Mal, mit Missi, würde kein Tag langweilig werden. Da war Lasse sich sicher.
„Wollen wir uns an den See setzen?“ Missi zog ihre Beine zurück auf die Plattform.
„Können wir!“, sagte Lasse.
Missi kletterte voraus. Mit ihrer verletzten Hand an ihre Brust gelegt, stieg sie langsam die Sprossen hinunter. Lasse folgte ihr und setzte sich schließlich neben sie an den Stegrand. Mit seinen Fußspitzen konnte er das Wasser

berühren. Missi legte sich bäuchlings neben ihn und schaute auf den See. Keiner von ihnen sagte ein Wort. Es war nicht das gleiche Schweigen wie zu Hause. Zu Hause hieß das schöne Schweigen, dass sich gerade keiner aufregen wollte. Mit Missi war es aber etwas anderes, weil sie sich sowieso nicht aufregte. Was es genau bedeutete, konnte Lasse aber nicht sagen. Er wusste nur, dass es sich wunderbar anfühlte. Und er glaubte, dass Missi sich gerade genauso wohlfühlte wie er.

„Was machen eigentlich deine Eltern?" Missi drehte sich mit einem Ruck auf den Rücken und schaute ihn neugierig an. Ihre linke Hand mit dem Blattverband legte sie behutsam auf ihre Brust.

Lasse, der gerade versucht hatte, einen Stein zwischen den Stegbrettern herauszukratzen, hielt kurz inne.

„Mein Vater hat eine Firma. Und meine Mutter arbeitet auch da. Aber nicht so oft. Sie kümmert sich dafür um das Haus und das Essen."

Er widmete sich wieder dem Stein, der ziemlich fest zwischen den Stegbrettern klemmte.

„Was für eine Firma?", fragte Missi.

„Eine, die Pflanzenschutzmittel herstellt", erwiderte Lasse.

Missi wurde hellhörig. „Ist das ein Mittel, das Pflanzen beschützt?"

„Ja. Auch." Lasse nickte. „Klingt allerdings besser, als es ist."

Endlich hatte er den Stein zwischen den Brettern herausgeholt und warf ihn in den See. „Es schützt Pflanzen, ist aber

schlecht für Tiere. Vor allem für Insekten." Seine Wangen wurden warm.
„Oh." Missi wirkte enttäuscht.
Lasse wusste nicht, was er dazu sagen sollte. Seinem Vater würden jetzt natürlich viele Gründe einfallen, warum Pflanzenschutzmittel wichtig waren. Doch Lasse tat sich damit immer etwas schwer. Glücklicherweise wechselte Missi das Thema.
„Und was machen deine Eltern in ihrer Freizeit?", bohrte sie weiter nach.
Eigentlich hatte Lasse gar keine Lust, über seine Eltern zu reden. Konnte Missi ihn nicht wieder über die Natur ausfragen? Wortlos beobachtete er die ringförmigen Wellen an der Stelle, wo sein Stein ins Wasser gefallen war. Dann zog er grübelnd die Schultern hoch.
„Papa ist von morgens bis abends bei der Arbeit. Ich glaube, der hat kein Hobby." Konzentriert malte Lasse mit dem Fuß Muster in die Wasseroberfläche. „Und ich glaube, Mama kocht gerne. Und sie arbeitet gerne im Garten."
„Toll." Missi nickte begeistert.
„Ach ja, und einmal die Woche trifft sich Mama mit einer Frau zum Reden", fiel Lasse ein und zuckte wieder mit den Schultern. „Sonst arbeiten beide eben sehr viel."
Missi nickte verständnisvoll. „Hast du Geschwister?"
„Nein." Lasse suchte sich einen neuen Stein und ließ ihn dieses Mal über die Wasseroberfläche hüpfen. Ganze sechsmal kam er wieder raus, bis er schließlich komplett im See verschwand.

Viele von Lasses Klassenkameraden hatten Geschwister. Früher hatte er sich auch immer einen kleinen Bruder oder eine kleine Schwester gewünscht. Doch es war nie eines gekommen. Und mittlerweile fand er das auch eigentlich gar nicht mehr so schlimm.
Lasse stand auf und suchte sich am Ufer einen neuen Stein. Dann kam er zurück, holte seitlich aus und ließ ihn wieder über das Wasser flitschen.
„Wow! Wie machst du das, dass der immer wieder raushüpft?", rief Missi und richtete sich auf.
„Ist gar nicht so schwer." Wieder einmal wurden Lasses Wangen warm.
„Das will ich auch ausprobieren!" Missi stand auf, ging zum Ufer und sammelte mit ihrer unverletzten Hand einen kleinen Stein vom Boden auf. „Zum Glück bin ich Rechtshänderin", rief sie und kam zurück. Dann holte sie seitlich aus und warf den Stein aufs Wasser.
„Der ist ja nur einmal wieder rausgekommen!" Sie tat beleidigt. „Zeig du noch mal."
Lasse suchte sich einen neuen Stein. „Du musst dir einen flacheren suchen." Er zeigte ihr seinen Fund. „Dein Stein von eben war zu rund."
Er bückte sich und ließ den Stein locker aus dem Handgelenk über das Wasser sausen. „Du musst schnell werfen. Und die flache Seite muss zum Wasser zeigen. Und wenn du es schaffst, dass er sich ein wenig dreht, geht es noch besser."

Missi suchte den Boden am Ufer ab und nahm sich einen neuen, etwas flacheren Stein. „Kannst du das noch mal langsamer erklären?“

„Der ist gut.“ Lasse betrachtete Missis Fund und machte ihr Platz auf dem Steg.

„Also.“ Missi bückte sich und drehte den Stein in ihrer Hand, sodass die flache Seite zur Wasseroberfläche zeigte. „So, oder?“

„Ja, und vorne etwas anheben.“ Lasse bog Missis Hand zurecht. „Versuch es erst mal so. Und nicht vergessen: schnell und flach werfen. Ich lasse ihn auch immer etwas drehen. Aber eigentlich muss jeder seine eigene Technik entwickeln.“

Missi biss sich auf die Lippe und holte aus. Der Stein flog hoch und fiel mit nur einem lauten Platsch ins Wasser.

„Das war zu viel auf einmal, auf das ich achten musste.“

Sofort drehte sie sich um und suchte am Ufer nach einem neuen Stein. Kaum hatte sie einen gefunden, ging sie zurück auf den Steg und stellte sich in Position.

„Jetzt aber!“, rief sie.

Und tatsächlich. Dieses Mal hüpfte der Stein ganze dreimal wieder aus dem Wasser. Missi strahlte. „Es klappt!“

„Glückwunsch!“

Lasse nickte ihr zu und machte sich auch

wieder auf die Suche nach einem flachen Stein. Einen nach dem anderen ließen sie abwechselnd über das Wasser flitschen und Missi wurde immer besser. Das machte Lasse unheimlich stolz. Immer wieder fanden sie einen neuen, passenden Stein.

„Ich mache eine Pause", schnaufte Missi und setzte sich auf den Steg. „Außerdem sollte ich meinen Daumen besser noch schonen."

„Ja, das solltest du", sagte Lasse.

Er hatte auch keine Lust mehr und legte sich bäuchlings neben sie, sodass er sich im Wasser spiegeln konnte. Sein Gesicht lächelte.

„Und du? Was machst du, außer Angeln und Steinewerfen?" Missi schaute Lasse belustigt an.

„Ich lese viel über Tiere und Pflanzen." Lasses Blick fiel auf ihre Bärenohrringe.

„Hast du ein Lieblingstier?", wollte Missi wissen.

Lasse überlegte. Er hatte schon über so viele Tiere gelesen und es gab immer wieder ein neues, für das er sich begeisterte. Häufig stellte er sich vor, selbst das Tier zu sein. Einfach vor sich hinleben, ohne Regeln und Verpflichtungen, der Gedanke gefiel ihm.

„Ich glaube, Vögel", sagte er schließlich und malte mit dem Finger Muster in die Wasseroberfläche. Sein Spiegelbild verzerrte sich. „Die können fliegen und sich die Welt von oben ansehen, wenn es ihnen hier auf der Erde zu viel wird." Lasse stellte sich vor, wie ein Adler über dem Wald zu kreisen. In seinem Bauch kribbelte es.

„Du wärst also gerne selbst ein Vogel?“, gluckste Missi.

„Ich glaube schon.“ Er lächelte verlegen. „Und deins?“

„Was mein Lieblingstier ist? Hm.“ Sie überlegte. „Kängurus. Die finde ich niedlich. Und selbst eines zu sein, wäre bestimmt auch lustig.“

Kichernd beschrieb Missi ein Leben als Känguru. Es klang nach einer Abenteuerreise durch Australien.

„Und Mama würde mich immer in ihrem Beutel durch die Gegend tragen“, beendete sie ihre Geschichte.

Lasse kicherte. Obwohl er sich tausend schönere Dinge vorstellen konnte, als ständig mit seiner Mutter herumzuhüpfen.

Missi legte sich neben Lasse, der immer noch Muster in die Wasseroberfläche malte. Es entstand wieder diese schöne Stille. Ab und zu stellte Missi noch eine Frage, aber das störte Lasse nicht. Er fühlte sich einfach gut. Mit Missi war es fast so, als wäre er allein. Nur schöner.

„Wenn die Ferien anfangen, komme ich gleich Freitag nach der Schule hierher“, sagte sie.

„Ich auch!“ Lasse nickte begeistert. Wie schade, dass die Woche nicht schon um war.

Missi sprang vorsichtig auf ihre Füße, ihre verletzte Hand hielt sie dabei immer noch an ihre Brust. „Aber jetzt muss ich nach Hause. Es ist schon nach sechs.“

Dann lief sie zum Baumhaus, um ihre Sachen zu holen. Lasse zögerte kurz, stand dann aber auch auf. Eigentlich

hätte er noch ewig hier sitzen können. Aber seine Eltern rechneten schließlich auch schon bald mit ihm. Und ohne Missi wäre es sowieso nicht mehr dasselbe.
„Bis Freitag?“ Mit ihrem aufgeschnallten Rucksack kam sie noch einmal zurück zum Steg.
„Bis Freitag“, erwiderte Lasse und nickte. „Und gute Besserung.“
„Danke“, sagte Missi, winkte mit ihrer verbundenen Hand und lächelte. „Nächste Woche ist die Wunde ganz sicher wieder verheilt.“
Danach sah Lasse sie hinter den Bäumen verschwinden. Und als sie nicht mehr zu sehen war, machte auch er sich auf den Weg durchs Unterholz.

Gewinner und Verlierer

Endlich war Freitag. In Rekordzeit hatte Lasse den Weg von der Schule nach Hause zurückgelegt. Er konnte es kaum erwarten, beim Baumhaus zu sein.

In seinem Ranzen steckte sein Zeugnis. Es war fast genauso wie das letzte Mal. Sehr gut. Nur hatte er dieses Mal auch in Bio eine Eins. Doch diese kleine Verbesserung würde seinem Vater bestimmt nicht auffallen.

„Hallo." Als Lasse in die Küche kam, deckte seine Mutter gerade den Mittagstisch.

„Na, wie sind deine Noten?", fragte sie.

Sie stellte die Teller ab und nahm das Zeugnis entgegen. Als sie sich setzte, um es anzusehen, deckte Lasse weiter den Tisch.

„Du hast ja eine Eins mehr als letztes Mal."

„Ja, in Bio." Lasse wurde warm ums Herz.

„Toll!" Seine Mutter lächelte.

Lasse lächelte zurück. Er freute sich, sie glücklich zu sehen. Sie wirkte gleich viel jünger und hübscher. Viel zu selten sah sie so aus.

„Meintest du nicht einmal, dass dich das Fach nicht interessiert?", fragte sie.

„Ja, vorher. Aber dieses Mal haben wir viel mehr über Tiere gelernt."

„Ach so." Seine Mutter strich ihm durchs Haar. „Dann hoffen wir mal, dass das nächste Jahr auch interessant wird."

Dann ging sie zur Besteckschublade und kramte Messer und Gabeln hervor. „Bring doch noch schnell deine Sachen in dein Zimmer. Das Essen ist gleich fertig."
Lasse stieg die Treppe hoch und legte seine Schulsachen auf seinen Schreibtisch. In jedem Fach hatten sie über die Ferien mindestens eine Hausaufgabe auf. Schlimm fand er das nicht. Viele Fächer fielen ihm leicht, besonders Mathe. Und wenn es in den nächsten Wochen mal regnen sollte, würde ihm die Zeit am Schreibtisch bestimmt noch leichter fallen. Regentage waren einfach wie geschaffen zum Hausaufgabenmachen.
Dieses Wochenende aber war für den Wald und für Missi reserviert. Und natürlich für seine Angel. Aufgeregt griff Lasse nach der Rute und befestigte sie an seinem Rucksack. Die Frage, warum sich am letzten Wochenende kein Fisch für seine Köder interessiert hatte, versuchte er zu verdrängen. Hoffentlich würde er heute nicht mit leeren Händen nach Hause kommen.
„Lasse, wir fangen an!", rief seine Mutter von unten.
Schnell verstaute Lasse den Köderkasten im Angelrucksack. „Ich komme!"
Dann hievte er seine Sachen die Treppe hinunter und stellte sie griffbereit neben die Haustür. Direkt nach dem Essen sollte es schließlich zum Baumhaus gehen.
Als Lasse in die Küche kam, saßen seine Eltern schon am Tisch. Auch wenn sein Vater mit dem Rücken zu ihm saß, merkte Lasse, dass irgendetwas nicht stimmte.

Wahrscheinlich würde der sich gleich über irgendwas aufregen. Etwa über sein Zeugnis?
Vorsichtig ging Lasse zu seinem Platz. Kaum hatte er seine vier Buchstaben auf den Stuhl gesetzt, ging es auch schon los.
„Ich frage mich wirklich, ob ich ihn rauswerfen sollte." Sein Vater schüttelte den Kopf und hackte wütend mit seiner Gabel in den Auflauf, als würde der Übeltäter auf seinem Teller liegen. „Wie kann man so blöd sein und die Akte verlegen?"
Es ging nicht um Lasses Zeugnis. Glück gehabt! Es musste um einen der Mitarbeiter in der Firma gehen, der mal wieder seinen Job nicht richtig gemacht hatte. Denn das kam häufig vor.
„Vielleicht taucht sie ja wieder auf", sagte Lasses Mutter mit sanfter Stimme.
„Ach, es ist ja nicht das erste Mal, dass so etwas passiert." Sein Vater nahm noch eine Gabel vom Auflauf und redete mit vollem Mund weiter. „Ich habe von Anfang an gewusst, dass dieser Mann ein Verlierer ist. Ich hätte ihn gar nicht erst einstellen sollen."
Lasse wurde hellhörig. Verlierer? Unruhig rutschte er auf seinem Stuhl hin und her. In ihm brannte eine Frage. Eine Frage, die er so lange schon einmal stellen wollte.
„Was sind denn Verlierer?", platzte es jetzt aus ihm heraus. Sein Vater sah ihn an. Er schien verwundert darüber, dass sein Sohn eine Frage gestellt hatte. Lasse fing selten ein Gespräch an.

„Verlierer sind das Gegenteil von Gewinnern“, antwortete er schließlich. „Gewinner sind Menschen mit Geld und Erfolg. Das macht sie glücklich. Außerdem können und wissen sie mehr als andere.“

„Sind wir Gewinner?“, fragte Lasse.

Sein Vater zog die Augenbrauen kraus und sah ihn verwirrt, fast wütend, an. „Klar sind wir das! Was für eine Frage!“ Er reckte seinen Hals. „Aber schau dir unseren Nachbarn an. Was macht der doch gleich?“

Er sah zu Lasses Mutter rüber. Ihr Gesichtsausdruck blieb steinern.

„Gärtner“, hauchte sie.

Lasse war sich sicher, dass sie anderer Meinung war. War der Nachbar für sie etwa kein Verlierer?

„Gärtner!“, schoss es jetzt aus seinem Vater heraus. Er schüttelte den Kopf und vergrub die Finger in seiner spärlichen Haarpracht. „Und seine Frau kümmert sich nur um die Kinder. Ich frage mich, wo die das Geld für die Miete hernehmen. Das Haus, wenn man es Haus nennen kann, ist nicht deren Eigentum. Und sein Sohn spielt ständig Zauberer und läuft immer mit diesem blöden Zylinder herum. Wenn das nicht lächerlich ist!“

Lasse nickte, um zu zeigen, dass er begriffen hatte. In seinen Gedanken erschien Missi mit einem Zaubererhut. War Missi auch eine Verliererin? Er war sich ziemlich sicher, dass sein Vater nichts von ihr halten würde, ob mit oder ohne Hut. Vielleicht sollte er ihm einfach nie von ihr erzählen.

„Und du wirst auch irgendwann ein Gewinner werden“, sagte sein Vater, als gäbe es daran keinen Zweifel. „Die Chancen stehen gut. Schließlich haben wir dich auf die beste Schule im Umkreis geschickt.“ Er zwinkerte ihm zu, was so gut wie nie vorkam.

In Lasse kam ein Hochgefühl auf. Er würde später ein Gewinner sein und seinen Vater stolz machen. Verlegen blickte er auf den Tisch. Er wusste nicht, wie er mit den freundlichen Worten umgehen sollte. Schweigend aßen sie weiter. Das Thema schien beendet zu sein.

„Ich fahre wieder in die Firma“, verkündete Lasses Vater, noch bevor er den letzten Bissen runtergeschlungen hatte. Er sprang auf und verschwand, während Lasse und seine Mutter noch ihre Teller leerten.

„Das rechte Fach in der Tiefkühltruhe habe ich für deine Fische freigeräumt.“ Seine Mutter stellte die leeren Teller zusammen und stand auf. „Ich würde gerne mal wieder Fisch essen. Was meinst du?“

„Ich auch!“ Jetzt konnte Lasse seine Angelpleite nicht weiter verdrängen. „Aber bisher scheint der Waldsee ziemlich leer zu sein.“

Er folgte seiner Mutter mit dem schmutzigen Geschirr zur Spüle.

„Na ja, wie ich dich kenne, wirst du bestimmt ein paar Karpfen fangen.“ Wieder huschte ihr ein Lächeln über die Lippen.

„Hoffentlich.“ Lasse nahm einen Lappen und hielt ihn unter den laufenden Wasserhahn.

Wenn er seine Mutter mit selbstgeangeltem Fisch glücklich machen konnte, war es noch viel wichtiger, wieder Erfolg beim Angeln zu haben.
„Dein Zeugnis habe ich erst einmal weggeheftet. Papa hat es aber schon unterschrieben, damit du es nach den Ferien in der Schule vorzeigen kannst“, sagte seine Mutter und nahm ihm den nassen Lappen aus der Hand. „Geh ruhig angeln. Das hast du dir jetzt verdient.“

Je weiter Lasse in den Wald lief, desto mehr blühte seine Vorfreude auf. Den ganzen Sommer würde er hier verbringen. Nicht nur mit seiner Angel, auch mit Missi. Und sie würden sich ihr kleines Haus in der Buche so richtig schön machen.
„Hallo.“ Lasse winkte zur Plattform hoch.
Missi beugte sich über das Geländer und begrüßte ihn wie gewohnt mit einem Lächeln.
„Schau mal!“, rief sie begeistert und zeigte ins Baumhaus.
Neugierig kletterte Lasse die Leiter hoch und sah auf die Plattform. Unter ihrem schrägen Dach lag eine alte Matratze. Außerdem hatte Missi noch ein paar andere Sachen mitgebracht: Kuscheltiere, Malblöcke, Stifte und ein Buch.
„Ich habe mich schon mal eingerichtet“, sagte sie und ließ sich auf die Matratze fallen. „Schließlich wollen wir doch den Sommer über hier wohnen, oder?“ Sie klopfte mit der flachen Hand auf die Matratze. „Meine Eltern haben mir geholfen, die hierherzubringen.“

Lasse ließ sich auf den weichen Schaumstoff plumpsen.
„Willst du hier etwa einziehen?“
„Noch nicht. Aber vielleicht ja später, wenn ich groß bin“, antwortete Missi und setzte sich auf. Ihre Latzhose schien gewaschen zu sein.
Lasse wusste nicht, ob sie das ernst meinte oder nicht. Er traute Missi fast alles zu. Auch, dass sie tatsächlich im Wald wohnen würde.
„Mein Vater feiert heute Nachmittag Geburtstag. Er würde sich freuen, wenn du auch kommst. Wir wollen grillen.“
Missi riss begeistert die Augen auf.
Grillen? Lasses Magen machte einen Purzelbaum. Eine Geburtstagsfeier mit vielen Leuten passte ihm eigentlich gar nicht. Lieber wollte er den Tag nur mit Missi verbringen, angeln und sich über das Wetter freuen.
„Wer kommt denn so?“, fragte er und schaute konzentriert auf seine Füße.
„Nur Papa, Mama, Opa und ich“, zählte Missi auf. „Und du, wenn du Zeit und Lust hast.“
Lasse zögerte. Doch viel länger konnte er Missi nicht auf seine Antwort warten lassen.
„Nur, wenn ich bis dahin einen Fisch gefangen habe. Der kann dann mit auf den Grill.“
Er versuchte, begeistert zu klingen. Dass er lieber mit Missi allein bleiben wollte, behielt er für sich. Vielleicht hatte er ja Glück und es würde heute wieder kein Fisch anbeißen. Oder vielleicht fiel ihm ja doch noch ein guter Grund ein, warum

er nicht mitkommen konnte.
„Dann wirf mal deine Angel aus!", forderte Missi ihn belustigt auf. „Danach können wir unsere Schaukel bauen."
„Welche Schaukel?"
„Ich wollte doch ein Seil an einem Ast anbringen, sodass wir vom Baumhaus aus ins Wasser springen können." Missi schaute in die Baumkrone. „Ich habe gedacht, wir könnten den da nehmen." Sie zeigte nach oben. „Der sieht stabil aus und ist genau an der richtigen Stelle."
Lasse musterte den Ast, auf den Missi zeigte. Er stammte von einer großen Eiche, die noch näher am Ufer stand als die Buche. „Sieht gefährlich aus."
„Meinst du, wir könnten nicht im Wasser landen?" Missi schaute vom Ast über das Baumhaus zum See.
„Ich meinte, es könnte gefährlich sein, das Seil da oben anzubringen", erklärte Lasse. „Das ist ziemlich hoch."
Missi überlegte kurz.
„Ich glaube, das kann gar nicht so schwer sein. Wenn wir nämlich die Leiter vom Baumhaus nehmen und an den Ast darunter anlehnen, kommen wir da ruckzuck dran. Dann können wir von da aus auf den Ast darüber klettern und dann an eine passende stelle rutschen, wo wir die Schaukel fest machen wollen."
Lasse versuchte, nicht auf den Kloß in seinem Hals zu achten, und begutachtete noch einmal beide Äste. Eigentlich waren sie wie gemacht für ihre Schaukel. Der obere, an den Missi das Seil hängen wollte, wuchs

direkt über dem Seeufer ein paar Meter längs neben dem Baumhausgeländer. Wenn man das Seil an der richtigen Stelle befestigte, könnte man tatsächlich gut vom Geländer aus durch die Luft ins Wasser schwingen.

„Na gut“, sagte er schließlich. „Du kletterst hoch und ich halte die Leiter.“

Ihm war beim Gedanken an die Höhe flau im Bauch. Damit Missi aber nichts von seinem Muffensausen mitbekam, widmete er sich schnell seiner Angel, bereitete sie vor und warf sie aus. Danach half er Missi, die Leiter an den unteren Ast der Eiche zu stellen.

„Wollen wir noch etwas zwischen Seil und Ast anbringen, damit das Seil den Baum nicht kaputtmacht?“, fragte Lasse.

„Gute Idee!“, rief Missi. „Aber was?“

„Ich könnte noch etwas von der weißen Plane nehmen,“ überlegte er. Wir haben ja nicht alles für das Dach gebraucht.“

Plötzlich fiel ihm wieder Missis Unfall vom letzten Sonntag ein. Fast die ganze Woche hatte er daran denken müssen. Und jetzt, wo er hier bei ihr war, hatte er es völlig vergessen.

„Wie geht‘s eigentlich deiner Hand?“, schoss es jetzt aus ihm heraus.

„Achso.“ Missi kicherte. „Sehr gut.“ Sie hielt ihm ihre Hand unter die Nase. „Man sieht fast gar nichts mehr. Siehst du?“

„Toll!“, rief Lasse und schaute auf die feine, rote Blutkruste auf ihrem Daumen.

„Danke nochmal für deine Hilfe.“ Missi lächelte.

Lasse lächelte zurück. Sein Herz klopfte etwas schneller als sonst.

„Aber das mit dem Stück Plane klingt gut. Schneidest du es ab? Ich lass' es lieber erst mal mit deinem Messer." Sie streckte ihre Zunge raus.

Lasse schnaufte kichernd auf und zog sein Taschenmesser aus der Hose. Dann griff er nach dem Rest Plane, schnitt einen Teil davon ab und reichte es Missi, die es in ihre Hosentasche stopfte. Kurz darauf stieg sie auf die Leiter. Während sie die Sprossen hochkletterte, hielt Lasse krampfhaft unten fest. Missi schien die Höhe rein gar nichts auszumachen. Als sie auf dem unteren Ast ankam, zog sie sich mit einem Zug auf den Ast darüber. Ganz so, als wäre sie nur knapp über dem Waldboden und nicht drei Meter über Lasses Kopf. Danach setzte sie sich mit dem einen Bein links und dem anderen rechts vom Ast hin und rutschte ein paar Meter den Ast entlang.

„Jetzt wickle ich die Plane drum!", rief sie, als sie direkt gegenüber vom Baumhaus Halt machte. Dann zog sie das weiße Stück Kunststoff aus der Hosentasche, band es um den Ast und knotete es fest.

„Und jetzt kannst du mir das Seil zuwerfen!"

Das ließ Lasse sich nicht zweimal

sagen. Er griff nach dem Seil und schleuderte Missi das Ende zu. Die fing es, wickelte es einmal um die Plane und knotete es mit mehreren Knoten fest.
„Ist es fest genug?“, rief Lasse von unten.
„Ich glaube schon.“ Missi fing an, den Ast zurückzurobben und schließlich die Sprossen zurückzuklettern. „Probier‘s aus!“
Nach kurzer Zeit stand sie wieder neben Lasse und sie stellten die Leiter zurück an das Baumhaus. Danach beäugte Lasse etwas beunruhigt den Knoten. Schließlich streckte er sich nach dem freien Seilende und hängte sich mit seinem gesamten Körpergewicht daran. Es hielt.
„Wollen wir sie jetzt ausprobieren?“, fragte Missi.
„Heute nicht“, antwortete Lasse und lächelte schief. „Ich will doch angeln.“
„Ok, mach das.“
Missi bemerkte anscheinend nicht, dass Lasse Angst hatte. Und darüber war er ziemlich froh. Er schämte sich dafür, Angst vor etwas zu haben, das einem Mädchen rein gar nichts ausmachte.
Lasse setzte sich zu seiner Angel auf den Steg und sah konzentriert auf das Wasser. Hinter ihm widmete sich Missi wieder der Schaukel. Sie nahm das freie Seilende und kletterte damit auf das Baumhaus, wo sie es an das Geländer knotete. Danach kam sie zurück zum Steg und legte sich mit ihrem Malblock und den Stiften neben Lasse.
„Lass dich nicht stören“, sagte sie und griff nach einem grünen Stift.

Lasse sah ihr zu, wie sie sich in ihr Bild vertiefte. Dann beobachtete er wieder See und Pose und hoffte weiterhin, dass kein Fisch anbeißen würde. Der Gedanke an die Geburtstagsfeier ließ seinen Magen immer wieder Purzelbäume schlagen. Er wusste nur nicht ganz, warum er so eine Angst davor hatte. Hatte er Angst, dass man ihn nicht mögen würde? Oder hatte er Angst, dass Missis Familie noch viel verrückter war als sie selbst? Vielleicht bestand ja die ganze Familie nur aus Verlierern. Das würde heißen, dass sein Vater Missi nie dulden würde. Und vielleicht war die Freundschaft dann auch wirklich nicht gut für ihn. Gewinner konnten schließlich nicht mit Verlierern befreundet sein.

„Wollen wir gleich los? Mein Vater freut sich auch auf dich, wenn du ohne Geschenk kommst." Missi stand auf und packte ihre Sachen zusammen.

War es wirklich schon so spät? Lasses Magen knurrte hörbar. Eine gute Ausrede, um nicht mitzukommen, war ihm bisher aber nicht eingefallen. Vielleicht sollte er vortäuschen, dass er Bauchschmerzen hatte.

„Hast du keine Lust?" Missi schien Gedankenlesen zu können.

„Doch", log Lasse.

„Schön", sagte sie und hielt ihm ihre Hand hin, damit er vom Steg aufstehen konnte.

Etwas widerwillig ließ Lasse sich aufhelfen. Er packte seine Sachen zusammen und verstaute sie im Baumhaus. Danach folgte er Missi aus dem Wald.

Das Geburtstagsgrillen

Lasse trat hinter Missi aus dem Unterholz und lief mit ihr auf eine leere schmale Straße. Ein wenig neugierig sah er sich um. Seine neue Freundin wohnte tatsächlich im Nachbarort, direkt auf der anderen Seite des Waldes. So, wie sie es Lasse vor einer Woche erzählt hatte.

„Hier lang", sagte Missi und zeigte auf eine Gartenpforte, die sich in einer wuchernden Hecke versteckt hatte.

Lasses Magen krampfte sich zusammen. Das Haus hinter der Pforte sah völlig anders aus als das, in dem er mit seinen Eltern wohnte. Nicht wirklich schick wirkte es, aber dafür viel älter. Und als Lasse Missis Garten sah, drehte sich sein Magen einmal um sich selbst. Jetzt wusste er, woher Missi die Idee mit dem Unkrautbeet hatte. Überall sprossen wahllos Blumen, Bäume und Unkraut aus der Erde. In Lasses Ohren klang die Stimme von seinem Vater: „Durch diesen Garten, wenn man das überhaupt Garten nennen kann, sollte mal der Bagger durch. Und dann am besten noch eine ordentliche Ladung Pflanzenschutzmittel draufkippen."

Lasse hatte seinen Vater schon häufig über andere Gärten herziehen hören. Für den verriet ein Garten ganz schnell, wem er gehörte. Und in so einem Haus wie dem von Missi, mit so einem Garten, konnten nur Verlierer wohnen. Am liebsten wäre Lasse sofort wieder umgedreht und zurück zum Baumhaus gelaufen. Er wollte nicht noch mehr

Hinweise dafür, dass seine Freundin anders war. Doch jetzt war er schließlich da. Er konnte höchstens versuchen, sich nach dem Essen so schnell wie möglich zu verdrücken.
Missi schien der Garten kein bisschen zu stören. Auch, dass sie sich auf dem Weg etwas bücken musste, um unter einem Ast hindurchzukommen, schien für sie völlig normal zu sein.
„Da sind wir", sagte sie und bog ab auf eine Wiese mit kniehohen Gräsern und Blumen.
Lasse schritt ihr vorsichtig auf den bemoosten Gehwegplatten hinterher. In der Mitte der Wiese war so etwas wie eine Terrasse angelegt, auf die Missi mit großen Schritten zusteuerte. Auf dieser Terrasse stand ein gedeckter Gartentisch. Daneben, auf einem der Stühle, saß ein etwas knochiger alter Mann und stützte sich auf einer Armlehne ab. Mit der Zeitung fächelte er einem Grill zu, aus dem es stark qualmte.
„Na, meine kleine Miss Sunshine?", rief er Missi fröhlich zu, als er sie und Lasse bemerkte.
Missi ging zu ihm und ließ sich zur Begrüßung in den Arm nehmen.
„Und du bist bestimmt Lasse?"
Der alte Mann gab ihm die Hand. Sein Mund offenbarte ein breites Lächeln, das so ehrlich wirkte wie das von Missi. Lasse konnte nicht anders, als sich sofort wohlzufühlen. Der alte Mann wirkte auf ihn stark und ganz bestimmt nicht wie ein Verlierer.

„Ja, das bin ich. Hallo.“ Lasse wollte gerne mehr sagen, aber ihm fiel nichts ein.
„Das ist mein Opa“, sagte Missi stolz und ließ sich in einen Gartenstuhl fallen.
Lasse nickte und setzte sich kerzengerade auf den Stuhl daneben.
„Ich bin Hans, aber du darfst mich auch einfach Opa nennen.“ Der alte Mann zwinkerte ihm zu. „Missi hat mir erzählt, dass du ein guter Angler bist?!“
Für einen kurzen Moment fehlten Lasse die Worte. Da saß ein erwachsener, fremder Mann vor ihm und schien sich tatsächlich für ihn zu interessieren.
„Na ja.“ Er bohrte verlegen die Fußspitze in den Terrassenboden. „Heute habe ich wieder keinen einzigen Fisch gefangen.“
„Du hast es im Waldsee versucht, richtig?“
„Genau“, rief Missi. „Im See am Baumhaus.“
„Du wunderst dich wahrscheinlich, warum nie ein Fisch anbeißt, oder?“, fragte Missis Opa weiter.
„Ja, schon“, erwiderte Lasse und nickte. „Sonst beißt immer irgendein Fisch an. Aber in diesem See noch kein einziger. Obwohl ich meistens auf Karpfen geangelt habe. Das klappt sonst eigentlich immer.“
„Das ist wie verhext, was? Ich habe früher, frag‘ mich nicht, wie alt ich damals war, auch regelmäßig dort geangelt“, erklärte der alte Mann, der Lasse immer sympathischer wurde. „Und ich habe mich gefragt, woran das liegen konnte,

dass so wenig Fische angebissen hatten."
„Und dann?", hakte Lasse nach.
„Dann war ich eines Tages mit meinem kleinen Angelboot auf dem See. Da mir nichts mehr einfiel, habe ich mal spontan auf größere Fische geangelt." Der Opa hielt kurz inne und Lasse wartete gebannt auf die nächsten Worte.
„Und plötzlich biss ein Fisch an. Ein Hecht! Und der war so groß, wie ich es vorher noch nie gesehen hatte." Er breitete die Arme weit aus und blickte bedeutend von der einen Handfläche zur anderen. „Der war bestimmt über einen Meter lang. Und der hatte eine Kraft! Puh!" Der alte Mann holte einmal tief Luft und wischte sich über die Stirn, als wäre er jetzt noch erschöpft von dem Erlebnis. „Du kannst mir glauben..."
„Und dann? Hast du ihn gefangen?" Lasse rutschte unruhig auf seinem Stuhl hin und her.
„Leider habe ich ihn nicht richtig erwischt und so entkam er wieder. Danach habe ich ihn nie wieder gesehen."
„Aha!", rief Lasse. „Wenn so ein großer Raubfisch im Wasser ist, ist ja klar, dass nicht so viele Fische anbeißen." Er schlug sich auf die Stirn. „Dann frisst der die ja bestimmt alle selbst."
„Genau das habe ich damals auch gedacht." Der alte Mann lehnte sich zurück und nickte Lasse anerkennend zu. „Und wie es scheint, ist da vielleicht wieder einer. Oder derselbe. Wer weiß?! Ich angle schon seit Jahren nicht mehr."
Das Leuchten in Opa Hans' Augen weckte Lasses

Abenteuerlust. Ob der Hecht tatsächlich immer noch in dem Waldsee war? Ob er ihn fangen könnte?
Vor Aufregung stellten sich Lasses Nackenhärchen auf. Er nahm sich fest vor, in den nächsten Tagen auf Hecht zu angeln.
„Weißt du, dass Hechte auch Süßwasserhaie genannt werden?“ Dieses Mal wandte Missis Opa sich an seine Enkeltochter. „Weil sie so gute Fischjäger sind.“ Er zwinkerte Lasse zu.
Lasses Wangen wurden warm. Er fühlte sich gerade wie ein Experte, der mit einem anderen Experten auf Augenhöhe sprach. Denn natürlich wusste er das. So, wie er noch vieles mehr über Hechte wusste.
In diesem Moment kamen Missis Eltern aus dem Haus. Ihre Mutter trug eine Salatschüssel und ihr Vater hielt ein großes Tablett in den Händen. Wieder machte sich Lasses Magen unangenehm bemerkbar. Und das, obwohl er seine Aufregung gerade für ein paar Minuten ganz vergessen hatte.
„Ihr seid ja schon da!“, rief Missis Mutter.
Auf ihrer Bluse waren ungefähr genauso viele Blumen abgebildet, wie um sie herum auf der Wiese standen. Sie lächelte.
„Wir haben noch gar nicht mit euch gerechnet.“ Der Vater stellte das Tablett auf dem Tisch ab und reichte Lasse die Hand. „Willkommen, junger Mann. Ich bin Peter.“
Sein Händedruck war fest, aber angenehm.

„Hallo", erwidert Lasse. „Alles Gute zum Geburtstag."
„Danke, danke", gluckste Missis Vater und setzte sich an den Tisch.
Jetzt kam seine Frau auf Lasse zu und gab ihm die Hand.
„Hallo, ich bin Susanne."
„Wer ist heute Grillmeister?", fragte Missis Opa und zog seine eindrucksvollen Augenbrauen hoch, die genauso schneeweiß und buschig waren wie sein Haar. Der Seitenblick auf Missi verriet eigentlich schon die Antwort.
„Ich möchte!", rief sie und sprang vom Stuhl.
Kurze Zeit später brutzelten Würstchen, Steaks und anderes, für Lasse unbekanntes Zeug auf dem Grill. Er hoffte, dass er nicht alles von dem probieren musste, was er nicht kannte.
„Wie weit seid ihr denn mit dem Baumhaus?" Missis Vater Peter sah Lasse neugierig an.
„Fertig", sagte Lasse. „Zumindest fürs Erste."
„Und wo wohnst du?" Der Vater tat sich etwas Salat auf den Teller und bekleckerte dabei fast sein blaues T-Shirt. Er sah sportlich aus. Und sein Bauch war nicht mal halb so groß wie der von Lasses Vater. Wie seine Frau trug er Jeans.
„Auf der anderen Seite vom Wald." Lasse ärgerte sich über seine knappen Antworten, aber mehr als das Nötigste brachte er einfach nicht heraus.
„Nun lasst ihn doch erst mal in Ruhe essen." Missis Opa schob ihm eine Salatschüssel zu. „Oho, und da kommen ja auch schon die ersten Würstchen."
Missi kam mit einem Teller voller Grillzeug an den Tisch

und hielt ihn Lasse vor die Nase, damit er sich etwas aussuchen konnte.
„Nimm so viel, wie du möchtest", ermunterte ihn Missis Mutter Susanne.
Er nahm sich zwei Würstchen und Opa Hans schob ihm eine Flasche Ketchup zu.
Missi ging weiter zu ihrem Opa. Sie legte sich eine Serviette einmal gefaltet über den Unterarm, sodass sie aussah wie eine vornehme Kellnerin.
„Suchen Sie sich etwas aus, der Herr", sagte sie in einem sehr vornehmen Ton und mit einer leichten Verbeugung zu dem alten Mann. Sie versuchte, dabei ernst zu gucken, aber ihre Augen lachten.
„Oho", sagte Opa Hans begeistert, rückte sich eine unsichtbare Krawatte zurecht und versuchte, seinen krummen Rücken geradezubiegen. „Vielen Dank, Frau Kellnerin. Vielen Dank, Miss Sunshine."
Lasse überlegte, ob Missi die Abkürzung von Miss Sunshine sein sollte. Doch er wurde schnell aus den Gedanken gerissen, als das Schauspiel kurz darauf weiter ging.
Missi torkelte nun von ihrem Opa zu ihrem Vater hinüber. Hätte man sie nicht eben noch normal erlebt, hätte man meinen können, sie wäre betrunken.
„Diesäääälbe Prozedur wie lätztes Jaaahr?", fragte sie lallend und beugte sich tief zu ihrem Vater hinunter.
Die Szene kam Lasse bekannt vor.
„Dieselbe Prozedur wie jedes Jahr!", antwortete Peter, nickte

seiner Tochter zu und nahm sich von dem Würstchenteller. „Oho!“, rief Missis Opa und gluckste. „Sind wir hier etwa bei dem neunzigsten Geburtstag von Miss Sophie?“ Er blickte zu Lasse. „Kennst du den Sketch?“

„Dinner for One!“, antwortete er und nickte. Denn natürlich kannte er die Szene. Schließlich lief sie jedes Jahr zu Silvester im Fernsehen.

Missis Schauspiel ging weiter. Sie stellte den Grillteller auf den Tisch und nahm sich Peters Wasserglas. Dann hob sie es hoch und rief: „Prost!“ Gleichzeitig schlug sie mit einem Bein gegen das andere, sodass sie fast hinfiel. Dann leerte sie das Glas Wasser in einem Zug. Lasse war so fasziniert von Missis Vorstellung, dass er glatt vergaß, sie deshalb für verrückt zu halten.

Opa Hans klatschte laut in die Hände. „Oho!“, rief er belustigt dazu.

Bei ihrer Mutter angekommen, war Missi wieder nur eine einfache, vornehme Kellnerin. Danach setzte sie sich zufrieden an den Tisch und machte sich ihren Teller randvoll.
Dann wünschten sich alle einen guten Appetit. Lasse beobachtete die Familie, wie sie sich lebhaft über die vergangene Woche unterhielt. Schon innerhalb von fünf Minuten wurde an diesem Tisch mehr geredet als bei ihm zu Hause in einem ganzen Jahr. Nur Lasse redete nicht. Er hörte gespannt zu und leerte schweigend seinen Teller.
„Bist du zufrieden mit deinem Zeugnis, Lasse?", fragte Susanne.
Er räusperte sich. „Ja. Eigentlich schon."
„Welches ist denn dein Lieblingsfach?"
Lasse überlegte kurz. „Mathe. Und jetzt auch Bio."
„Na, das ist doch toll!", rief Peter. „Vielleicht kannst du ja Missi mal erklären, was du an Mathe so spannend findest. Auf mich hört sie nämlich nicht."
Missi streckte ihrem Vater die Zunge raus. „Das wird auch nichts bringen. Es ist und bleibt mein schlechtestes Fach."
„Du kannst es ja mal versuchen." Der Vater zwinkerte Lasse zu.
„Wenn du mir sagen kannst, was ich in Deutsch richtig machen kann, dann bringe ich dir Mathe bei", bot Lasse Missi mit einem Grinsen an.
„Das ist doch eine tolle Idee, Missi, oder?" Überzeugt schob sich ihr Vater ein Stück Würstchen in den Mund.

„Ganz toll!“, schmollte Missi mit einem breiten Grinsen. Belustigt wischte sich ihr Opa den Mund an seiner Serviette ab. „Haben wir nicht Ferien?“

„Genau, Papa, wir haben Ferien!“

„Ist ja gut“, gluckste Peter. „Ich wollte dich doch nur ärgern. Du weißt doch, dass ich schon stolz auf dich bin, dass du dich um eine Note verbessert hast.“

Er lächelte seine Tochter ehrlich an und Missi aß zufrieden weiter.

„Wir haben noch Unmengen gefüllter Paprika.“ Missis Mutter hielt Lasse die seltsamen Teile hin, die vorhin mit den Würstchen auf dem Grill geschmort hatten.

„Die leckere Füllung hat Susanne gemacht.“ Missis Vater sah seine Frau begeistert an und gab ihr einen Kuss.

Lasse war verwirrt. Eltern, die sich küssten und dann noch am Tisch? Aber für alle anderen war das anscheinend völlig normal. Lasse schaute beschämt auf seinen Teller. Er hatte das Gefühl, Missis Eltern mit seinem Blick zu stören. So etwas machten seine Eltern bestimmt nur, wenn sie allein waren. Zumindest hatte er es noch nie gesehen.

Lasses Teller war in der Zwischenzeit wieder voll belegt worden und so machte er sich über das Kunterbunt von Paprika, Fleisch und Salat her. Auf diese Weise musste er wenigstens nicht mehr zu den Eltern sehen.

Vorsichtig probierte er die Paprika. Was auf dem Teller lag, musste zumindest probiert werden, das hatte er so gelernt. Zu seiner Überraschung schmeckten die Dinger wirklich

gut. Wenn er ehrlich war, schmeckten sie sogar ganz fantastisch.
„Weißt du eigentlich, was das Grüne in dem Salat ist?“ Missi zog die Augenbraue hoch und sah auf seinen Teller.
Lasse nahm seine Gabel und faltete damit ein in Soße getränktes grünes Blatt auseinander. Das sah doch glatt aus wie ... „Löwenzahn?“
„Richtig!“, rief Opa Hans. „Den habe ich vorhin noch gepflückt. Und das Gelbe im Salat ist auch von der gleichen Pflanze.“
Tatsächlich. Lasse sah die feinen gelben Blütenblätter, die in der weißen Salatsoße kaum zu erkennen waren. Konnte man das alles wirklich essen, ohne Bauchschmerzen zu bekommen?
„Schmeckt auf jeden Fall ziemlich gut“, stellte er kauend fest.
„Nicht wahr?“ Susanne hob die Salatschüssel hoch. „Wenn du noch mehr möchtest, nimm dir gerne.“
„Danke, ich bin fast satt.“ Lasse winkte ab und wollte wieder nach seinem Besteck greifen. Doch es klirrte laut und seine Gabel fiel auf den Boden. So ein Mist. Wie konnte ihm das nur passieren?

„Entschuldigung!“, murmelte er.
„Das ist doch kein Problem.“ Missis Vater bückte sich und hob Lasses Gabel wieder auf, die bei seinen Beinen gelandet war. „Das passiert uns auch ständig.“ Er strich sich seine

braunen Locken aus dem Gesicht, die bei seinem Tauchgang durcheinandergeraten waren, und reichte Lasse die Gabel.
„Das stimmt“, gluckste Missis Opa. „Das Gleiche ist mir vor ein paar Tagen mit meinem Marmeladenbrot passiert. Rate mal, auf welcher Seite es gelandet ist?“
Er zwinkerte Lasse zu, der sich wegen seines Malheurs schon nicht mehr ganz so schlecht fühlte. Zu Hause hätte es ein Donnerwetter gegeben.
„Schön war das nicht.“ Opa Hans schüttelte belustigt den Kopf. „Und Missi hat mit mir geschimpft, das glaubst du nicht!“ Er blickte seine Enkelin aus den Augenwinkeln an und grinste breit.
„Das stimmt überhaupt nicht!“, rief sie mit demselben Grinsen und piekte vorsichtig mit ihrer Gabel in Opa Hans‘ Arm. „Ich habe dir nur nicht geglaubt, dass du Rückenschmerzen hast. Ich dachte, du willst die Marmelade nur nicht selbst wieder aufwischen.“
„Oho. Komm du mal in mein Alter, junge Dame! Dann reden wir noch einmal.“
Missis Eltern lachten auf. Nun musste auch Lasse bis über beide Ohren grinsen. Seine heruntergefallene Gabel interessierte keinen mehr.
„Seid ihr alle satt?“ Missis Mutter sah in die Runde.
Lasse, der seinen Teller gerade geleert hatte, nickte. Auch Peter streichelte zufrieden seinen Bauch. Und Missi, die scheinbar wieder das Schauspielfieber gepackt hatte, tat so, als würde sie ihr voller, schwerer Magen vom Stuhl reißen.

Opa Hans kicherte. „Ja, Susanne. Du hast uns alle satt bekommen."
„Oh ja." Missi richtete sich wieder auf und strahlte.
„Schön", sagte die Mutter und lehnte sich nun zufrieden zurück.
„Bitte, Papa, können wir gleich wieder ein Lagerfeuer machen?" Missi sprang nun vom Stuhl.
„Warum nicht?" Er sah seine Frau fragend an. Die lächelte.
„Au ja! Machst du mit, Lasse?", rief Missi.
Lasse sah auf Susannes Armbanduhr. Es war halb sieben. Wenn nichts anderes abgemacht war, musste er spätestens um sieben zu Hause sein.
„Ich werde mich lieber auf den Weg machen", sagte er. „Ich muss sowieso gleich los."
Es war ein schöner Abend, viel besser als er ihn sich vorgestellt hatte. Aber jetzt freute er sich auch auf seine gewohnte Umgebung.
„Wir können dich gerne nach Hause bringen", bot ihm Peter an.
„Ich kann allein gehen, danke. Ich muss außerdem noch mal kurz zum Baumhaus, meine Angelsachen holen."
„Schade!" Missi zog eine Schnute. „Aber morgen kommst du zum Baumhaus?"
„Klar!", antwortete Lasse und brachte sie wieder zum Strahlen. „Bis morgen."
Nachdem sich alle von Lasse verabschiedet hatten, verschwand er mit schnellen Schritten aus dem Garten. Am

Baumhaus angekommen, zog es ihn aber nicht sofort weiter. Lieber wollte er noch ein paar Minuten am See verbringen. Er setzte sich auf den Steg und ließ die Beine baumeln. Wie schön es hier war. Einfach wie im Paradies. Niemand störte hier. Selbst Missi störte nie. Sie gehörte mit zum Paradies.

Konnte Lasse seinen Eltern erzählen, dass er woanders gegessen hatte? Dann müsste er ihnen aber auch von Missi erzählen. Dem Mädchen, das eine Familie mit einem Unkrautgarten hatte und Eltern, die sich küssten.

Nein, er konnte ja einfach sagen, dass er keinen Hunger hätte. Schließlich hatte er sich schon häufiger mal Proviant mitgenommen. Zufrieden über seine kleine Ausrede schaute Lasse wieder auf das Wasser.

Da fiel ihm ein, was Missis Opa über den See gesagt hatte, und sein Herz machte einen Hüpfer. Ob es den großen Hecht wirklich noch gab? Was wäre das für ein Abenteuer! Für heute war es zu spät, das herauszufinden. Aber morgen, da würde er versuchen, den Hecht zu fangen. Und er würde endlich anfangen, Missi das Angeln beizubringen.

Missis erster Angelunterricht

„Halt sie mit beiden Händen fest.“ Lasse legte Missis rechte Hand an den Angelgriff und die linke an die Kurbel. Dann ließ er die Rute los, sodass Missi die Angel ganz allein halten konnte.

„So?“

„Ja.“ Lasse beobachtete, wie sie versuchte, ein Gefühl für den langen, wackeligen Stab zu bekommen. Schließlich nahm er ihren rechten Zeigefinger und legte ihn um. „Mit dem musst du die Schnur festhalten.“

„Ich hab‘ sie.“ Immer noch konzentrierte sie sich auf die Angelrute. „Und jetzt?“

Sie standen gemeinsam auf dem Steg und der stille See lag vor ihnen. Ein paar Wolken zogen am Himmel vorbei, doch es war trotzdem sommerlich warm. Als Lasse heute aufgestanden war, hatte er sofort seine Angelsachen für Missis erste Unterrichtsstunde gepackt. Schließlich musste sie noch ein wenig lernen, bevor sie gemeinsam auf Hechtjagd gehen konnten.

„Dann klappe den Bügel hier um.“ Lasse klappte den Schnurfangbügel um, sodass die Angelschnur freien Lauf hatte. Jetzt hielt nur noch Missis rechter Zeigefinger die Schnur davon ab, sich von der Spule abzurollen. „Und jetzt hältst du die Angel hinter dich, um Schwung zu holen.“ Er führte Missis Arm seitlich um sie herum, sodass die Schnur

mit dem Köder hinter ihr hing. Dann ging er einen Schritt zur Seite. „Und jetzt, wie ich es eben erklärt habe, wirfst du und lässt dabei die Schnur los."
Missi konzentrierte sich. Das sah Lasse ihr an. Er mochte es, dass sie von ihm lernen wollte. Und vor allem fand er es schön, dass sie sich für sein Hobby interessierte.
„Denk daran, was ich über die Rute gesagt habe", sagte er. „Wenn du sie auswirfst, spannt sie sich wie eine Feder. Und an einem bestimmten Punkt ist es so, als würde sich die Feder entspannen. Da hast du den meisten Schwung. Wenn du genau dann loslässt, schaffst du es auch, ganz weit auszuwerfen."
Missi nickte. Dann holte sie aus und schleuderte den Angelhaken samt Köder durch die Luft. Einen Augenblick später platschte es leise und die Pose trieb auf der Wasseroberfläche.
„Richtig so?"
„Für den Anfang nicht schlecht."
Lasse fand wirklich, dass Missi es ziemlich gut gemacht hatte. Mit ein wenig Übung konnte sie eine gute Angelpartnerin werden.
„Jetzt kannst du die Angel feststecken und warten, bis ein Fisch anbeißt", erklärte er.
„Darf ich auch versuchen, den Köder noch besser auszuwerfen?", fragte Missi. Offenbar hatte sie der Ehrgeiz gepackt.
„Natürlich. Warte." Lasse klappte den Bügel um. „So, jetzt kannst du die Schnur wieder aufrollen."

„Alles klar.“ Entzückt kurbelte Missi an der Angelrolle, bis der Köder wieder kurz vor der Rutenspitze stand.
Sie versuchte es noch ein paar Mal. Einmal verfing sich der Köder hinter ihr im Gestrüpp und zerriss dabei fast die Angelschnur. Das nächste Mal klatschte der Köder direkt vor ihr ins Wasser.
„Mist!“, rief sie.
„Du hast vergessen, den Bügel umzuklappen“, erklärte Lasse. „Die Schnur konnte sich so ja gar nicht von der Spule abrollen.“ Er half ihr, den nächsten Wurf vorzubereiten.
Dieses Mal klappte es wieder. Sogar besser als beim ersten Mal. Auch wenn Missi es schaffte, sich dabei die Angelrolle an den Kopf zu schlagen.
„Aua!“
„Du bist zu hektisch.“ Lasse war froh, dass sie sich scheinbar nicht ernsthaft verletzt hatte, sondern einfach nur über sich selbst lachte.
„Ich möchte es noch einmal richtig machen, ohne dass ich mich stoße.“
Es war mittlerweile der zehnte Probewurf und endlich ließ Missi den Köder im Wasser. Deshalb sagte Lasse ihr auch nicht, dass sie beim Auswerfen um ein Haar ihr eigenes Ohr geangelt hätte.
„Jetzt kannst du die Angel am Rutenhalter feststecken“, sagte er und setzte sich auf den Steg, „und dann warten wir.“
„Aye, aye, Kapitän.“ Missi befestigte die Rute am Halter. Dann legte sie sich bäuchlings neben Lasse und beobachtete die Pose.

Lasse rutschte ans Wasser und ließ schweigend seine Füße über dem See baumeln. Am liebsten hätte er die Zeit angehalten, so gut fühlte es sich an. Die Sonne, die Angel, der Wald und Missi. Was brauchte er mehr, um glücklich zu sein?
Schade war nur, dass sich wieder kein Fisch für seinen Köder interessierte. Sie mussten jetzt schon ziemlich lange dort warten. So langsam taten Lasse die Sitzknochen weh.
Er nahm eine Locke von Missi zwischen Zeigefinger und Daumen und zog sie auseinander. Dann ließ er sie wieder los, sodass sie zusammenschnurrte.
„Du hast lustige Haare", kicherte er und nahm sich die Locke gleich noch einmal.
Missi schien es nicht zu stören. Sie hatte die Augen geschlossen und atmete gleichmäßig. War sie etwa eingeschlafen?
„Du verpasst das Wichtigste beim Angeln." Lasse tippte ihr sanft auf den Rücken. „Es geht nicht nur darum, die Angel auszuwerfen."
Doch Missi regte sich nicht. Scheinbar musste Lasse jetzt allein auf die Fische warten. Gebannt schaute er wieder auf das Wasser.
Noch mehr Minuten vergingen, doch es tat sich nichts. Vielleicht war der Köder verloren gegangen?
Lasse nahm die Angel und kurbelte den Haken zu sich. Zu Missis Entsetzen hatte er einen Regenwurm daran gehängt. „Iiiiih!", hatte sie gerufen, als er den Wurm am Haken

befestigt hatte. „Der bewegt sich ja noch, obwohl du ihn durchbohrt hast."

Lasse erinnerte sich, dass er den Anblick früher auch nicht gemocht hatte. Heute hatte er sich aber daran gewöhnt. Seltsam, dass man mit Regenwürmern aber auch fast alles machen konnte. Man konnte sie durchbohren oder zerteilen, sie lebten trotzdem irgendwie weiter.

Als Lasse den Wurm wieder aus dem See fischte und begutachtete, wurde Missi wach.

„Ist er tot?", fragte sie. „Er sieht so blass aus." Mit kritischem Blick betrachtete sie den Wurm. „Oh! Nein ist er nicht. Er bewegt sich noch. Der Arme."

Lasse fiel nichts ein, womit er sie hätte aufmuntern können. Er nahm den Wurm vom Haken und warf ihn unter Missis betrübtem Blick in den Wald. Vielleicht war es besser, die Angel heute nicht mehr auszuwerfen. Schließlich fing er an, seine Angelsachen zusammenzupacken, und Missi half ihm dabei.

„Vielleicht ist es doch gar nicht so schlecht, dass meine Eltern sich diesen Sommer keinen Urlaub leisten können", sagte sie. „Ich glaube, die Ferien hier am Baumhaus können auch richtig schön werden." Sie strahlte. „Hoffentlich spielt das Wetter mit."

Lasse fuhr es in den Magen. Nicht genug Geld für Urlaub? Sein Vater sagte immer, Menschen mit wenig Geld wären Verlierer. Eigentlich hatte es ihm gestern schon der Garten verraten. Es half nichts. Missi und ihre Familie waren

tatsächlich Verlierer. Was würde sein Vater dazu sagen? Irgendetwas in Lasse wünschte sich weit weg. Wohin genau, das konnte er nicht sagen.
„Geht es dir gut?“ Missi schien zu merken, dass Lasse mit seinen Gedanken ganz woanders war.
„Ja“, log er.
Missi fragte zum Glück nicht weiter nach. Sie zog kurz die Augenbrauen kraus, ging zum Baumhaus und kletterte die Leiter hoch. Lasse hörte, wie sie ihr Malbuch aufschlug und mit ihren Stiften klapperte. Er war froh, dass sie ihn für eine Weile allein ließ. Er brauchte Zeit für sich. In seinem Kopf spukten die Worte von seinem Vater herum. Über Verlierer, über Gewinner. Wie schade war es, dass Missi eine Verliererin war. Er war doch so gerne mit ihr zusammen.
Lasse setzte sich auf den Steg und betrachtete die Bäume, die sich auf der Wasseroberfläche spiegelten. Sorglos wiegten sie ihre Äste im Wind und ließen ihre Blätter tanzen. Dabei reflektierte jedes einzelne Blatt die Sonne in eine andere Richtung. Manchmal kam es Lasse so vor, als würden die Baumkronen glitzern. Ein sehr beruhigender Anblick.
Schon bald merkte Lasse, dass er seinem Kopf wieder freien Lauf lassen konnte. Es waren keine Gedanken mehr da, die unbedingt gedacht werden wollten. Zweifelnde Gedanken, die Lasse am liebsten mit einem großen Anker auf den Grund des Sees verbannt hätte.
Hinter sich hörte er Missi die Leiter herunterklettern. Als er

sich umsah, kam sie mit einem Kuscheltierpinguin auf den Steg getapst.
„Hab' ich was falsch gemacht?", fragte sie in ernstem Ton. Sie setzte sich neben Lasse und hielt den Pinguin in den Armen. Der sah ganz anders aus als die Pinguine in Lasses Tierbuch. Viel dicker und niedlicher. Missi hielt ihn behutsam zwischen Brust und Oberarmen und kraulte ihn am Ohr, als könnte er das spüren.
„Nein." Lasse war froh, dass seine Stimme normal klang. Dann zögerte er. Er wollte es ihr gerne genauer erklären. „Du bist nur manchmal anders als ich." Er traute sich nicht, Missi in die Augen zu sehen.

„Es wäre ja auch langweilig, wenn wir beide gleich wären." Missi lächelte. „Jeder Mensch ist anders, oder?"
Lasse seufzte. Wenn die Welt nur so leicht und einfach wäre, wie Missi sie sah.
„Was ist denn an mir so anders?", fragte sie.
Was sollte Lasse dazu sagen? Sollte er ihr sagen, dass sie eine Verliererin war? Dass sie seltsam war, weil sie gerne Unkraut anpflanzte?
Nein, das wäre zu unfreundlich. Und bestimmt wäre Missi dann beleidigt. Wenn Lasse nur nicht ständig daran denken müsste, was sein Vater zu seiner neuen Freundin sagen würde. Bestimmt würde er sie dann einfach nur toll finden.
„Ich weiß nicht. Einfach anders." Lasse versuchte zu lächeln, so wie Missi es immer tat. Auch jetzt.

„Ich muss nach Hause zum Essen", sagte sie, nachdem beide ein paar Minuten geschwiegen hatten. Dann nahm sie ihren Rucksack und winkte Lasse kurz, aber fröhlich zu. „Tschüss!"
„Bis morgen", murmelte er. Eigentlich wollte er, dass sie noch blieb.
Schließlich packte auch er zögernd seine Sachen zusammen und machte sich auf den Weg nach Hause.

„Bin da", verkündete Lasse, als er die Haustür hinter sich zufallen ließ.
Es war still im Haus. Doch er spürte, dass jemand da war.
Er legte seine Angelsachen ab und ging in die Küche.
Dort saß seine Mutter am Esstisch. Sie hatte ihr Gesicht in ihren Handflächen vergraben und schwieg. Weinte sie etwa?
Zögernd stand Lasse in der Tür. Er war sich nicht sicher, ob seine Mutter ihn bemerkte. Und er wusste auch nicht, ob sie ihn gerade bei sich haben wollte. Tränen, so etwas gab es in diesem Haus nicht. Wenn jemand traurig oder ängstlich war, dann wurde das nicht gezeigt. Und erst recht wurde darüber nicht geredet. Wie sollte sich Lasse also jetzt verhalten?
„Ich gehe in mein Zimmer", sagte er. Doch er rührte sich nicht.
Seine Mutter brauchte eine Weile, bis sie sich gesammelt hatte.
„Warte!" Sie nahm ihre Hände von ihrem verweinten Gesicht und stand auf. „Ich mache dir das Essen warm."
„Nein." Lasse kam ihr zuvor. „Ich mache das selbst."

Er schaute in den Topf, der auf dem Herd stand, und stellte die Platte darunter an. Erbsensuppe. Erst jetzt bemerkte er, wie hungrig er war.
Keiner sagte ein Wort. Erst das *Blubb-Blubb* der kochenden Suppe durchbrach irgendwann die seltsame Stille. Lasse versuchte, so lange wie möglich am Herd zu bleiben. Erst als die Suppe schon fast anbrannte, nahm er sie von der Platte und lud sich einen großen Schlag auf einen Teller.
Stumm setzte er sich damit an den Tisch und fing an zu essen. Zwischendurch warf er einen verstohlenen Blick auf seine Mutter. Ihre Augen waren verquollen und sie starrte auf den Tisch, als würde sie die Welt um sich herum nicht wahrnehmen. Warum war sie nur so unglücklich? Hatte sie mit seinem Vater Streit gehabt? Lasse leerte seinen Teller und stellte ihn neben die Spüle. Dann hielt er inne. Konnte er seine Mutter jetzt allein lassen?
In diesem Moment wurde die Küchentür aufgestoßen. Sein Vater, mit einer Miene, als hätte ein Mitarbeiter Akten in Brand gesetzt,

kam herein. Sofort änderte sich der Eindruck, den Lasse von seiner Mutter gehabt hatte. Die Trauer schien wie weggewischt. Jetzt war sie nur noch angespannt.
Sein Vater musste gesehen haben, dass sie geweint hatte. Doch er tat so, als würde er es nicht bemerken. Ohne ein Wort ging er auf den Herd zu und nahm sich einen Teller Suppe.
Lasse ging ihm aus dem Weg und verließ die Küche. Hier war er spätestens jetzt überflüssig.
Im Flur nahm er sich seine Angelsachen und brachte sie die Treppe hoch in sein Zimmer. Von unten war kein Geräusch zu hören. Was sich wohl gerade in der Küche abspielte?
Lasse musste sich ablenken. Er blickte sich in seinem Zimmer um und nahm sich ein Pflanzenlexikon aus dem Bücherregal. Dann suchte er unter L nach dem Löwenzahn. Die Pflanze, die Missi beim Baumhaus anpflanzen wollte und die er gestern im Salat probiert hatte.
Er erkannte sofort, dass er auf der richtigen Seite war, als er das Bild einer leuchtend gelben Blume sah. Daneben stand, was Lasse schon über Löwenzahn wusste. Dass er feine, gelbe Blütenblätter hatte. Und, dass sich irgendwann kleine Schirme mit Samen daraus bildeten, die man selbst oder der Wind wegpusten konnte. Besonders interessant war für Lasse der letzte Satz. Löwenzahn war wirklich essbar und dazu noch gesund. Aber warum warf seine Mutter ihn dann auf den Komposthaufen?
„Seltsam“, murmelte er.

Und dann fiel ihm noch etwas ein. Wie war es denn mit dem Spitzwegerich? Der Pflanze, die er zum Verarzten von Missis Wunde benutzt hatte?
Gespannt blätterte Lasse weiter, bis er die richtige Seite erreicht hatte. Natürlich erkannte er auch sofort den Spitzwegerich an dem Bild wieder.
Als er den Text daneben durchgelesen hatte, schlug er grübelnd das Lexikon zu und stellte es zurück ins Regal. Ja, es war wahr, was Missi gesagt hatte. Spitzwegerich verhinderte tatsächlich, dass Wunden anschwollen oder sich entzündeten. Er desinfizierte sie sogar. Und außerdem war er genauso essbar wie der Löwenzahn. Warum hatte ihm das sonst noch niemand erzählt? Und warum verwendete niemand, den er kannte, diese Pflanze zum Verarzten? Wusste das sonst auch keiner?
In Lasses Gedanken erschien ein von Löwenzahn und Spitzwegerich umringtes Baumhaus. Eigentlich war Missis Idee doch gar nicht so verrückt. Hoffentlich würde morgen wieder alles gut zwischen ihnen sein. Genauso gut, wie es heute Morgen beim Angeln noch gewesen war. Besonders, als Missi sich die Angelrolle an den Kopf geschlagen und sich danach vor Lachen den Bauch gehalten hatte.
Lasse schnaubte belustigt auf. Was freute er sich auf den nächsten Tag, an dem er sie wiedersehen würde. Im Baumhaus war die Welt in Ordnung.

Die Waldhütte

Der Sonntagmorgen war eigentlich wie jeder andere: Putzen war angesagt. Doch wenn Lasse nicht alles täuschte, waren seine Eltern heute ganz besonders schweigsam. Seine Mutter wirkte zwar nicht mehr traurig, aber dafür nachdenklich. Und sein Vater hatte seinen Kopf ganz woanders. Irgendetwas lag in der Luft. Deswegen sank Lasses Laune auch irgendwann von Minute zu Minute. Und als er sich endlich auf den Weg zum Baumhaus machen durfte, fiel ihm fast ein Stein vom Herzen. Kaum war die Arbeit fertig, schulterte er seinen Angelrucksack und lief in den Wald.

Schon von weitem erkannte er, dass nicht nur Missi beim Baumhaus war. Ihre Eltern und ihr Opa standen auf dem Steg und sahen runter auf eine Stelle im Wasser. Lasse konnte ihre aufgeregten Stimmen hören. Was es da wohl zu sehen gab?

„Oho!“, rief Opa Hans, als er Lasse zwischen den Bäumen sah. „Da kommt er ja!“ Mit einem breiten Lächeln winkte er ihn zu sich. „Hallo, mein Junge.“

„Lasse!“ Das war Missis Stimme. „Wir haben ein Boot!“

Lasse erreichte das Baumhaus und erkannte endlich, was die Erwachsenen im Wasser betrachteten: Vor ihnen lag ein kleines Ruderboot.

Lasse legte seine Angelsachen ab und kam aufgeregt, aber auch noch etwas schüchtern auf die vier zu. Missi, die in dem Boot saß, winkte ihm fröhlich entgegen.

„Na, wie gefällt es dir?“, fragte Peter.

„Toll!“, rief Lasse.
Und das meinte er wirklich so. Das Boot war etwa so groß, dass Missi und er zusammen darinsitzen konnten. Es war innen aus dunklem Holz und außen grün gestrichen. Nur der obere Rand war weiß.
„Ihr könnt es gerne haben“, sagte Missis Opa mit feierlichem Unterton. „Es hat meine besten Jahre überlebt und jetzt brauche ich es nicht mehr.“ Er klopfte Lasse auf die Schulter. „Mit diesem Boot ist mir der Hecht entwischt. Aber vielleicht habt ihr ja Glück damit.“

„Ja, vielleicht.“ Wieder machte Lasses Herz einen Sprung. Könnte er den Hecht fangen? Wenn selbst Opa Hans es nicht geschafft hatte, war das wirklich keine leichte Sache. Lasse musste auf jeden Fall dafür sorgen, dass der Hecht den Haken richtig schluckte. Doch es war natürlich nicht nur wichtig, den Fisch an den Haken zu bekommen. Es konnte auch wirklich schwierig werden, die Angel in den Händen zu behalten. Wie stark konnte der Hecht sein? Lasse hatte bestimmt weniger Kraft als Opa Hans noch vor einigen Jahren.
Nach kurzer Zeit machten sich Missis Eltern und ihr Opa wieder auf den Weg. Jetzt war Lasse wieder mit seiner Freundin allein und alles war so wie sonst auch. Die seltsame Stimmung von gestern war kein Thema mehr.

„Ein eigenes Boot", schwärmte Missi. „Herrlich!"
Sie lag mit geschlossenen Augen im Boot, das sie am Steg befestigt hatten. Ihr Kuscheltierpinguin lag wie ein Kissen unter ihrem Kopf. „Gehen wir bald damit auf Hechtjagt?"
„Klar!" Lasse nickte. „Mit dem Boot haben wir noch viel bessere Chancen."
Er saß auf dem Steg und sortierte seinen Köderkasten. Über die letzten Jahre hatte sich darin eine riesige Auswahl an Kunstfischen angesammelt. Alle in verschiedenen Größen, Formen und Farben. Was würde Lasse davon brauchen, wenn er auf Hecht angeln wollte?
Missi richtete sich im Boot auf und schaute ihm über die Schulter. „Was machst du da eigentlich?"
„Ich überlege, was ich brauche, um den Hecht aus dem Wasser zu holen." Lasse mochte es, wenn Missi sich für sein Hobby interessierte. „Ich will gleich einmal um den See laufen und nachsehen, wo er sich am ehesten aufhalten könnte. Hechte sind nämlich meistens an ganz bestimmten Stellen im See zu finden."
Missi setzte sich neben ihn auf den Steg. „Wenn du willst, komme ich mit dir."
Natürlich wollte Lasse. Und so machten sie sich auch schon bald auf den Weg. Lasse ging voraus und schlug ihnen einen Weg durch das Unterholz.
„Hechte stehen häufig nah am Ufer und warten da auf ihre Beute", erklärte er, als er sich nach ein paar Metern zu Missi umdrehte. Danach zeigte er auf eine Stelle auf der anderen

Seeseite. „Da hinten zum Beispiel ist ganz viel Schilf. Siehst du das?“
Missi reckte ihren Hals. „Ja.“
„Da können sie sich gut verstecken“, erklärte Lasse.
Er kletterte weiter durch das Gestrüpp und Missi folgte ihm. Als sie den See zu einem Viertel umrundet hatten, konnte Lasse eine freie Fläche zwischen den Bäumen erkennen.
„Sieh mal, da hinten ist eine Waldlichtung“, rief er und stapfte neugierig darauf zu.
Missi lief ihm hinterher. „Hier war ich noch nie.“
„Ich auch nicht“, sagte Lasse.
Als er die Lichtung erreichte, blieb er überrascht stehen. Auf der freien Waldfläche, zur Hälfte unter dem Schatten der Bäume versteckt, stand eine einsame Holzhütte. Die Lichtung selbst war eine saftige grüne Wiese direkt am Seeufer. Mit der Holzhütte am anderen Ende sah sie fast wie ein kleiner Garten aus. Missi trat neben Lasse und machte kugelrunde Augen.
„Kennst du das Haus?“, flüsterte Lasse.
„Nein.“ Missi schüttete den Kopf. „Hab‘ ich noch nie gesehen.“
Das Holzhaus war nicht besonders groß. Vielleicht zehnmal so groß wie ihr Baumhaus. Vorne war eine kleine Veranda mit einer Haustür. Dort standen ein Tisch und eine Bank aus Holz, die so aussahen, als hätte sie jemand selbst gebaut.
„Es sieht fast ein bisschen gruselig aus.“ Missi riss die Augen noch weiter auf. Dann lächelte sie. „Aber auch gemütlich.“
„Oh ja.“ Lasse nickte.

Neugierig, was dort noch zu entdecken war, machten sie sich auf den Weg zur Hütte. Leise stiegen sie die Stufen zur Veranda hinauf. Auf dem Tisch stand eine benutzte Kaffeetasse, die innen tiefbraun eingefärbt war. Ob sie überhaupt schon mal abgewaschen worden war?
Daneben auf der Bank lag ein geöffnetes Gewehr mit einem Putztuch.
„Ein Jäger“, raunte Lasse Missi zu. „Glaubst du, er ist da?“
In diesem Moment wurde die Türklinke von innen hinunter gedrückt und die Tür sprang krachend auf. Vor Schreck sprangen Missi und Lasse zur Seite und konnten gerade noch hinter der geöffneten Tür verschwinden. Stocksteif blieben sie dort stehen und lauschten, wie ein kräftiger Mann aus der Hütte trat. Lasse konnte sein Herz in seiner Brust schlagen hören.
Es ertönte ein Knarren. Der Mann musste sich auf die Bank gesetzt haben. Missi fuchtelte mit ihren Armen vor Lasses Nase herum. Was wollte sie ihm damit sagen? Dann, Lasse traute seinen Augen nicht, schob sie die Tür langsam zu. Wieder ertönte ein Knarren und der Jäger hob erschrocken den Kopf. Lasse hätte im Boden versinken können. Doch Missi ging auf den Mann zu. Was hatte sie nur für einen Mut.
„Hallo!“, sagte sie.
Der Mann musterte sie überrascht.
„Sie wundern sich bestimmt, was wir hier hinter Ihrer Tür machen.“
Der Jäger schien sich von seinem ersten Schreck erholt zu

haben. „Das stimmt“, sagte er, lächelte sie aber freundlich an.

„Wir sind um den See gelaufen und haben Ihre Hütte entdeckt. Da sind wir neugierig geworden. Eigentlich wollten wir nur nach einer Stelle suchen, wo man gut Hechte angeln kann“, versuchte Missi mit nun doch etwas rotem Kopf zu erklären.

Der Mann sah sie aufmerksam an. Dann grinste er.

„Das ist ja eine nette Überraschung! Ich bin Hannes. Und wie heißt ihr?“

Er streckte seine Hand aus und Lasse konnte gar nicht anders, als sie prompt zu ergreifen.

„Hallo“, sagte er.

Er mochte den Mann sofort. Missi schien es ähnlich zu gehen.

„Ich bin Missi“, sagte sie. „Und das ist Lasse.“

„Schön.“ Hannes sah strahlend zwischen Lasses und Missis Gesicht hin und her. „Ich habe nicht mit Besuch gerechnet“, erklärte er, „deshalb ist nicht aufgeräumt. Aber wenn ihr euch für mein Haus interessiert, könnt ihr gerne einen Blick hineinwerfen.“

Er schob die Verandatür auf und wies mit einer einladenden Geste hinein.

Lasse lugte vorsichtig in die Hütte. Das Erste, was er sah, war große Unordnung. Es wäre weit mehr als ein Sonntag nötig gewesen, um alles auf Vordermann zu bringen.

„Das ist ja nur ein Zimmer“, stellte Missi fest.

„Na, das reicht doch, oder?“ Hannes lachte.

Er schaltete das Licht an, damit Lasse und Missi sich weiter umsehen konnten.
Es gab eine kleine Kochzeile, in der einzelne Töpfe, Pfannen und Kochlöffel von einem Deckenbalken herunterhingen. Gegenüber der Zeile standen ein großes Sofa, ein Sessel und ein alter Schaukelstuhl. An der Wand über dem Sessel erkannte Lasse eine alte Gitarre. Die restliche Hütte sah so aus, als würde Hannes sie als Abstellraum nutzen. Lasses Blick fiel auf eine Leiter, die durch eine Luke in der Decke auf den Dachboden führte.
„Da oben schlafe ich", sagte Hannes.
„Spielst du Gitarre?", fragte Missi und zeigte auf das Instrument an der Wand.
„Schon Ewigkeiten nicht mehr", gluckste Hannes und winkte ab. Dann schlug er strahlend die Hände zusammen. „So, habt ihr genug gesehen?" Er wies auf die Veranda. „Ich hoffe, ihr bleibt noch ein wenig?"
„Gerne!", rief Missi, und Lasse nickte.
Daraufhin schnappte Hannes sich den Schaukelstuhl und trug ihn nach draußen.
„Den würde ich gerne ausprobieren", rief Missi begeistert, als Hannes ihn mitten auf die Veranda gestellt hatte, und sprang darauf.
Lasse setzte sich auf die Bank und sah ihr zu, wie sie es sich wippend auf dem Stuhl gemütlich machte. Auch Hannes musterte Missi.
„Kann es sein, dass deine Mutter Susanne heißt?", fragte er.

„Ja, warum?“, erwiderte Missi.

„Wir sind früher zusammen zur Schule gegangen. Aber das ist schon lange her“, erklärte der Jäger. „Du siehst ihr sehr ähnlich.“

Missi lächelte stolz.

„Wollt ihr Tee, Saft oder warmen Kakao?“

„Kakao!“ Lasse und Missi waren sich einig.

Hannes verschwand wieder in der Hütte. Kurz darauf hörte man von drinnen Geschirr und Töpfe klappern. Missi nutzte die Gelegenheit, um den Schaukelstuhl möglichst doll schwingen zu lassen. Übermütig warf sie sich hin und her.

„Pass auf, dass du nicht die Stufen runterfällst“, sagte Lasse, als der Stuhl immer weiter über den Dielenboden wanderte.

„Ich pass‘ schon auf.“ Missi kicherte.

Noch einmal holte sie großen Schwung und ließ den Stuhl dann ausschwingen. Kurze Zeit später kam Hannes aus der Hütte. In der Hand hielt er zwei dampfende Becher.

„Wohnst du hier?“, fragte Lasse, als er seinen Kakao entgegennahm.

„Nicht offiziell.“ Hannes kippte neuen Kaffee in seine Tasse. „Ich wohne eigentlich im Dorf, aber hier arbeite ich. Und meistens schlafe ich hier auch. Eigentlich hält mich nicht viel im Dorf.“

„Bist du Jäger?“ Missi schaute auf das geöffnete Gewehr auf dem Tisch.

„Ich bin Förster“, erklärte Hannes. „Jagen ist eher mein

Hobby. Allerdings hat beides viel miteinander zu tun.“ Er zwinkerte Missi zu.
„Und was macht ein Förster?“ Lasse vergaß fast, von seinem Kakao zu trinken.
Hannes nahm seinen Hut ab und legte ihn auf den Tisch. Es kam ein strubbliger Haarschopf zum Vorschein, der die gleiche rostrote Farbe hatte wie sein Bart.
„Ich kümmere mich um den Wald und alle Lebewesen, die darin leben: die Tiere und die Pflanzen. Ich muss schauen, dass alte Bäume gehen und neue Bäume kommen. So ähnlich ist es auch bei den Tieren. Manchmal gibt es zu viele von den einen und zu wenige von den anderen. Dann muss ich mich um das Gleichgewicht kümmern. Sonst schadet es dem Wald.“
„Ist das schwer?“, fragte Missi und machte kugelrunde Augen.
„Man muss sehr viel wissen“, erklärte Hannes. „Und man muss ein Gespür für die ganzen Zusammenhänge haben. Nicht jeder kann das. Aber ich liebe den Wald, schon seit ich ein kleiner Junge war, und deshalb habe ich mich für diesen Beruf entschieden.“
Lasse nickte. Was gab es Schöneres als den Wald? Wenn man hier arbeitete, musste man unglaublich glücklich sein.
„Aber nun erzählt mal, was ihr hier macht.“ Der Förster schlug wieder in seine Hände und strahlte. „Ihr wollt einen Hecht angeln? Ihr angelt also gerne?“
„Eigentlich nur ich“, antwortete Lasse. „Aber ich bringe es Missi gerade bei.“

„Ich wollte früher auch immer Angeln lernen“, erzählte Hannes. „Leider war ich nicht sehr begabt. Oder mir fehlte die Geduld. Ich weiß es nicht. Aber wie ich höre“, fügte er hinzu, „bist du ja schon ein fortgeschrittener Angler, wenn du dich sogar auf die Jagd auf Hechte machst.“ Er nickte Lasse anerkennend zu.
Lasse spürte, wie seine Wangen warm wurden. Er wusste nicht, was er dazu sagen sollte. Zum Glück durchbrach Missi die Stille.
„Wir haben ein Baumhaus bei dem alten Steg gebaut.“ Sie zeigte über den See. „Leider sieht man es von hier aus nicht.“ Dann erzählte sie von dem Dach und dem Geländer, die sie gemeinsam gebaut hatten. Und natürlich vom Flaschenzug.
„Toll! Der hat euch bestimmt viel Arbeit abgenommen, oder?“ Hannes war begeistert.
„Aber hallo!“, rief Missi und nickte eifrig. Dann zeigte sie auf Lasse. „Das war seine Idee.“
Wieder nickte Hannes anerkennend. Und wieder hatte Lasse das Gefühl, dass seine Wangen rot wurden. Doch zum Glück redete Missi weiter: „Du kannst uns gerne mal besuchen kommen.“
„Ich komme bestimmt mal vorbei“, sagte Hannes und strahlte.
„Klasse!“, rief Missi begeistert.
Lasse, der immer noch seine warmen Wangen spürte, freute sich genauso.
„Hört ihr das?“ Hannes hielt inne und hob den Zeigefinger.
Für einen Augenblick dachte Lasse, Hannes würde sein

Herz meinen. Denn immer noch schlug es gegen Lasses Brustkorb und freute sich über die Anerkennung. Aber es war ein anderes Geräusch, das der Förster meinte: ein Klopfen aus dem Wald.

„Ein Specht", flüsterte Missi.

„Richtig!" Hannes lauschte dem Geräusch und schaute zufrieden drein. Ganz so, als würde sein Lieblingslied gespielt. „Ist es nicht wunderbar, dem Wald zu lauschen? Irgendein Tier hört man immer, wenn man genau hinhört. Genauso wie die Blätter im Wind."

Lasse nickte. Denn er lauschte genauso gerne den verschiedenen Waldgeräuschen. Endlich hatte er jemanden kennengelernt, dem es auch so ging.

Hannes holte ein paar Äpfel aus der Hütte und zog ein Taschenmesser hervor, mit dem er sie in kleine Stücke schnitt.

„Greift zu, Kinder."

Leise an dem Obst knabbernd, lauschten sie weiter den Waldgeräuschen. Kannten Lasse oder Missi eins der Geräusche nicht, konnte Hannes es ihnen sofort erklären. Sie merkten kaum, wie die Zeit verging. Schließlich schaute Hannes auf die Uhr.

„Ich will euch ja eigentlich nicht wegschicken", unterbrach er das gemeinsame Schweigen, „aber es ist schon lange Mittag um." Er schaute zum Himmel und zog seine Augenbrauen kraus. „Vielleicht regnet es auch bald. Ich denke, es wäre besser, wenn ihr nach Hause geht."

Missi sah zum Himmel. „Stimmt. Das da sieht aus wie eine dicke Regenwolke."
„Schade." Lasse zuckte mit den Schultern und stand auf. Kurze Zeit später machte er sich mit Missi auf den Weg zum Baumhaus.
„Kommt mich gerne wieder besuchen", rief der Förster ihnen hinterher und winkte mit seinem grünen Hut.
„Machen wir!", rief Lasse und folgte Missi durch das Unterholz.
„Hörst du das?" Missi blieb auf halber Strecke stehen und lauschte.
„Was?", fragte Lasse und hielt an. Er hörte die gleichen Geräusche, die er schon den ganzen Tag über gehört hatte. Nur ein leises Trommeln hatte sich dazugemischt.
„Es regnet", beantwortete er seine Frage selbst.
Und schon wurde das Trommeln lauter. Viel lauter. Und dann bekam Lasse auf einmal große Tropfen ab.
„Beeil dich!", rief er und lief voraus.

Missi rannte hinterher. Bald hatten sie das Baumhaus erreicht. Lasse schnappte seine Angelsachen und wartete, bis Missi ihren Rucksack von oben geholt hatte.
„Ich habe noch gar keine Lust, nach Hause zu gehen", rief er durch den trommelnden Regen.
„Keiner zwingt dich!", brüllte Missi zurück und grinste.

Da hatte sie natürlich Recht. Aber was sollten sie bei dem Wetter hier schon machen? Sie konnten sich nur unter ihr Dach setzen und den Regen abwarten. Aber sie waren ja schon klitschnass.
„Nasser können wir gar nicht mehr werden", stellte Missi lachend fest.
„Nein", kicherte Lasse. „Nur wenn wir in den See springen würden."
Vielleicht hätte er das nicht sagen sollen. Prompt zog Missi ihre Schuhe, ihre Socken und ihre blaue Latzhose aus und tapste kurz darauf in ihrem geblümten T-Shirt und Unterhose auf den Steg. Lasse sah ihr gespannt zu. Wenn sie jetzt da hineinsprang, war sie wirklich verrückt. Doch wäre sie nicht verrückt, wäre sie nicht Missi.
Und Missi hüpfte. Ohne zu testen, wie warm das Wasser war, war sie mit einem Satz im See. Ein lautes Platschen ertönte, gefolgt von einem lauten Gackern.
„Komm rein!", rief sie und winkte.
Sie schwamm auf dem Rücken und strampelte mit den Beinen. Eine riesige Fontäne stieg über ihren Füßen in die Luft.
Lasse zog Schuhe und Socken aus und setzte sich auf den nassen Steg. Seine Hose triefte schon vom Regen.
„Nein, ich bleibe lieber hier", erwiderte er. „Ich habe doch schon geduscht. Dann muss ich ja nicht auch noch baden."
Lasse wunderte sich über sich selbst. Eigentlich war er niemand, der Witze machte.

„Angsthase!“, rief Missi und spritzte Wasser in seine Richtung.
Doch baden wollte Lasse wirklich nicht. Ihm reichte es vollkommen aus, seine Zehen in den See zu tauchen. Außerdem war es lustig genug, Missi dabei zuzusehen, wie sie seltsame Figuren im Wasser machte. Nach einer Weile kam sie schließlich zurück an den Steg geschwommen, zog sich hoch und ließ sich platschend neben Lasse nieder.
„Ich habe auch schon geduscht.“ Sie wrang ihr T-Shirt am Bauch aus. „Aber saubere Menschen wie ich“, sie zeigte auf ihre schlammigen Füße, „müssen natürlich beides machen, damit sie sich sauber genug fühlen.“
Lasse kicherte.
„Und die Algen in deinen Haaren?“ Er zupfte ihr einen Haufen Grünzeug aus den Locken. „Fühlst du dich damit besonders sauber?“
„Haha! Genau.“ Lachend griff Missi nach dem schleimigen Klumpen und schmierte ihn Lasse ins Gesicht.
„Iiiih!“ Lasse keuchte und prustete gleichzeitig vor Lachen. Missis Gegacker war einfach zu ansteckend. Immer wieder brachte sie ihn zum Lachen, sodass er gar nicht aufhören konnte. Erst, als Lasse schon Bauchschmerzen hatte und Missi nur noch ab und zu schnaufte, kam er endlich zur Ruhe. Endlich konnte er wieder atmen. Und auch der Regen hatte endlich nachgelassen.
„Sieh mal“, sagte Missi und hielt ihren Unterarm unter seine Nase.

Ihre Härchen hatten sich aufgestellt.
„Gänsehaut", sagte Lasse. „Frierst du?"
„Immer mehr, ja", antwortete Missi.
„Mir wird auch kalt", sagte Lasse und stand auf. „Lass uns nach Hause gehen, sonst werden wir noch krank."
Missi raffte sich auch auf und klemmte sich ihre Klamotten unter den Arm. Danach nahm sie ihren Rucksack.
„Wir müssen uns überlegen, was wir das nächste Mal machen können, wenn es regnet", überlegte sie. „Wahrscheinlich müssen wir uns auch mal drinnen treffen."
„Ja, wahrscheinlich", stimmte ihr Lasse zu.
Er griff nach seinen Angelsachen.
„Vielleicht bei dir?", schlug Missi vor. „Ich kenne dein Zuhause und deine Familie ja noch gar nicht."
Lasses Lächeln gefror. Missi wollte ihn besuchen kommen? Dann würde sie ja auch seinen Vater kennenlernen. Und genau das wollte Lasse doch eigentlich vermeiden. Es hatte wohl nicht ausgereicht, seinen Eltern seine neue Freundin zu verheimlichen. Denn Missi wusste natürlich, dass er ein Zuhause und auch Eltern hatte. Und die wollte sie jetzt kennenlernen.
„Wenn du meinst", antwortete er zögernd.
Er war sich sicher, dass Missi seine Unsicherheit bemerkt hatte. Aber sie lächelte nur, drehte sich um und verschwand hinter den Bäumen.

Der etwas andere Gast

Die Morgensonne schien direkt ins Bad, als Lasse sich die Zähne putzte und gedankenverloren in den Spiegel sah. Der Moment der Wahrheit stand ihm bevor. Er hatte sich fest vorgenommen, heute seinen Eltern von Missi zu erzählen. In seinem Kopf erschien eine Szene, die er sich schon so häufig ausgemalt hatte: Missi, über beide Ohren grinsend und mit Schlamm beschmiert, reichte seinem Vater die Hand. Der aber ging achtlos an ihr vorbei, was Lasse einen großen Stich versetzte.

Schnell verbannte er das Bild aus seinem Kopf, spülte seinen Mund aus und stellte seine Zahnbürste zurück in den Becher. Seine Hände zitterten ein wenig. Wäre er doch nur nicht so aufgeregt!

„Morgen, Mama“, murmelte Lasse, als er in der Küche ankam und auf seinen Platz zusteuerte.

Geräuschlos setzte er sich hin. Er hatte das Bedürfnis, ein braves Kind zu sein. Seine Mutter sollte bloß nicht noch mehr Last auf sich nehmen. Lasse erinnerte sich nur zu gut an ihr verweintes Gesicht.

„Guten Morgen.“ Seine Mutter setzte sich zu ihm und schob die Wurstplatte und die Butter näher an seinen Platz. „Papa und ich haben schon gefrühstückt. Er musste ja früh in die Firma.“

„Kein Problem“, sagte Lasse und griff nach Brot und Butter. Seine Mutter rückte ihren Stuhl näher an den Tisch und

lehnte sich zurück. „Gehst du heute wieder in den Wald?"
„Ja." Langsam schmierte Lasse sein Brot, als könnte er dadurch den Moment der Wahrheit hinauszögern. „Ich gehe an den See zum Angeln." Er holte tief Luft. „Und da ist auch immer ein Mädchen. Sie heißt Missi. Wir haben ein Baumhaus gebaut."
„Schön!", sagte seine Mutter. „Versteht ihr euch?"
„Ja." Lasse überlegte kurz. „Ich meine … Also, ich glaube, wir sind Freunde."
„Das freut mich." Seine Mutter lächelte. „Wirklich, das freut mich. Ich hab' mich schon gewundert, warum du nie … "
Lasses Wangen wurden warm. Natürlich wusste er, dass er bisher keine Freunde gehabt hatte.
„Kann ich sie mal mitbringen?" Er versuchte, die Frage beiläufig klingen zu lassen, doch sein Herz schlug ihm bis zum Hals.
„Selbstverständlich! Bring sie doch heute Abend mit. Wir haben noch so viel Reste von gestern übrig. Das würden wir zu dritt gar nicht schaffen."

Lasse war überrascht, wie einfach es war, von Missi zu erzählen. Im Stillen musste er zugeben, dass ihm ein kleiner Stein vom Herzen gefallen war. Endlich hatte er kein Geheimnis mehr. Auch wenn seine Eltern noch nicht wussten, was für ein Mensch hinter dieser Freundin steckte. Doch am Abend schon würden sie es wissen. Lasses Magen machte einen unangenehmen Purzelbaum.

Er nahm seine Angelsachen und machte sich auf den Weg zum Baumhaus. Sein Lieblingshobby würde ihn bestimmt auf andere Gedanken bringen. Denn heute, das hatte er sich fest vorgenommen, würde er auf Hecht angeln.
Als Lasse bei der Buche ankam, war von Missi noch keine Spur zu sehen. Er stellte seine Angelsachen ab und ging zum Steg.
Da entdeckte er Missis Kuscheltierpinguin im regennassen Ruderboot. So gründlich wie möglich versuchte er ihn auszuwringen und legte ihn dann zum Trocknen auf den Steg. Danach suchte er in seinem Angelkasten nach einem geeigneten Köder für die Hechtjagd. Zum Glück hatte er sich schon gestern einen Überblick verschafft und konnte sich schnell entscheiden. Er nahm sich einen kleinen, grünlich schimmernden Gummifisch und befestigte ihn an seiner Angel.
Jetzt fehlte nur noch Missi. Doch tatenlos auf sie warten wollte Lasse nicht. Lieber wollte er die Zeit sinnvoll nutzen. Er sah sich kurz um und als sein Blick auf das Boot fiel, wusste er auch schon, was er tun konnte. Ein wenig Übung im Rudern konnte für die Hechtjagd schließlich nicht schaden.
Er kletterte an Bord und schöpfte das Wasser heraus. Danach löste er das Tau vom Steg und griff nach den Rudern. Erst schaukelte er noch unsicher über das Wasser und hielt sich krampfhaft an den Rudern fest. Doch bald schaffte er es, Kurs zu halten und das Boot genau in die Richtung zu

lenken, in die er auch fahren wollte. Es machte sogar richtig Spaß.
Als Lasse wieder am Steg ankam, winkte ihm Missi schon vom Ufer aus zu.
„Hast du unser neues Boot etwa ohne mich ausprobiert?“, fragte sie und hieß ihn mit einem Grinsen willkommen.
„Ja“, antwortete Lasse und warf ihr das Tau zu. „Es ist gut.“
Er stieg aus dem Boot, während Missi es am Steg befestigte.
„Wenn du willst, können wir jetzt damit losfahren und auf Hecht angeln“, schlug er vor, kramte seinen Kescher hervor und nahm seine Angel. „Ich habe schon alles vorbereitet.“
„Oh ja!“, rief Missi und sprang ins Boot.
Kurze Zeit später trieb Lasse mit ihr über den See. An der ersten Stelle, an der er einen Hecht vermutete, machte er halt und nahm seine Angel.
„Für Hechte nutzt man meistens diese Angeltechnik“, erklärte er. „Sieh mal.“ Er warf die Angel weit aus und zeigte Missi, wie er den Köder langsam zu sich heran kurbelte. „So täusche ich dem Hecht vor, dass ein lebendiger Fisch im See schwimmt.“
Missi sah gespannt zu, wie Lasse den Kunstköder durch das Wasser zappeln ließ. Zuerst versuchte er es unter und dann an der Oberfläche. So hatte er es in seinem Angelbuch gelesen. Auch Missi durfte ihr Glück versuchen.
„Das bringt ja viel mehr Spaß, als die ganze Zeit nur die Pose anzustarren“, rief sie und überreichte Lasse die Angel für einen neuen Versuch.

„Schön, dann besteht ja die Chance, dass du heute nicht einschläfst."
Lasse versuchte schräg zu grinsen, doch er war zu konzentriert.
Tatsächlich waren sie dieses Mal nur damit beschäftigt, die Angel auszuwerfen und wieder einzuholen. Genauso, wie Missi es bei ihrer ersten Angelstunde gemacht hatte. Nur war es dieses Mal Absicht, da Hechte viel besser durch Bewegung angelockt werden konnten.
Immer wieder wechselten sich Lasse und Missi ab. Doch je häufiger sie die Angel auswarfen, desto länger warteten sie auf ihre Beute. Nichts geschah. Schließlich, es mussten schon Stunden vergangen sein, legten sie eine Pause ein und schwiegen den stillen See an.
„Meine Mutter sagt, dass du heute Abend zum Essen kommen kannst", sagte Lasse schließlich in die Stille hinein. Er hatte lange auf den richtigen Moment gewartet. Insgeheim hoffte er, dass Missi schon etwas anderes vorhatte.
„Toll! Ich komme gerne!" Sie strahlte.
Lasse schaffte es auch, ein wenig die Mundwinkel hochzuziehen. Doch ein ehrliches Lächeln war das nicht. Zu groß war die Angst davor, dass etwas schiefgehen könnte.

Der Nachmittag ging für Lasse viel zu schnell vorbei. Und das, obwohl das Angeln mal wieder viel zu entmutigend

gewesen war. Denn wieder war weder ein Hecht noch irgendein anderer Fisch aufgetaucht.
„Wir müssen gleich los“, murmelte er.
Missi musste hören, wie lustlos er war.
„Super, ich habe auch schon riesigen Hunger“, rief sie und griff nach den Rudern.
Dann steuerte sie das Boot Richtung Steg, während Lasse die teleskopförmige Rute in sich zusammenschob. Sein Magen knurrte auch. Kaum waren alle Angelsachen verstaut, machte er sich mit Missi auf den Heimweg.
Zu Hause angekommen, schloss er mit klopfendem Herzen die Haustür auf und ließ seine Freundin in den Flur treten. Es roch nach Bohneneintopf mit Speck und Kartoffeln.
Als sie in die Küche kamen, ging Missi ohne zu zögern auf seine Mutter zu und schüttelte ihr die Hand.
„Hallo“, sagte sie freundlich, „ich bin Missi.“
Lasse war erstaunt über ihren Mut. Er selbst war nicht so mutig auf Missis Eltern zugegangen.
„Hallo“, sagte auch seine Mutter verblüffend fröhlich. „Ich bin Annabell.“
„Das riecht ja ziemlich gut.“ Missi lugte auf den Herd, wo es im großen Suppentopf vor sich hin brodelte.
„Bohneneintopf mit Speck“, verkündete Lasses Mutter.
Lasse bemerkte, wie sehr sie sich über Missis Kompliment freute. Hatte er selbst seine Mutter eigentlich auch schon mal für das Essen gelobt? Er konnte sich nicht erinnern. Dabei schmeckte es ihm doch immer sehr gut.

Plötzlich schämte er sich.
„Setzt euch doch schon!“ Seine Mutter wies auf die Essecke. Das ließen sich Lasse und Missi nicht zweimal sagen.
„Nein, nicht da. Da sitzt Papa“, sagte Lasse, als Missi auf den Stuhl seines Vater zumarschierte. Seinem Vater war der eigene Platz nämlich schon immer heilig gewesen. „Nimm den da!“ Er zeigte auf den Stuhl daneben.
„Das ist ja wie in der Schule.“ Belustigt nahm Missi auf dem nächsten Stuhl Platz.
„Auf welche Schule gehst du?“ Lasses Mutter nahm den Topf vom Herd und stellte ihn auf den Tisch.
„Auf die Waldschule“, antwortete Missi.
„Ach ja.“ Seine Mutter nickte. „Die kenne ich. Sieh mal Lasse, hätten wir dich auch auf diese Schule geschickt, hättet ihr euch schon früher kennengelernt. Aber Vincent, Lasses Vater“, sie wandte sich jetzt wieder an Missi, „hält mehr von privaten Schulen.“
Lasse starrte für einen kurzen Moment gedankenverloren auf den Tisch. Er hätte Missi schon viel früher kennenlernen können, wenn sich sein Vater anders entschieden hätte. Stattdessen ging er jetzt auf eine Schule, wo er keine Freunde hatte.
„Schade!“ Missi riss Lasse aus seinen Gedanken. „Sonst hätten wir aus unserem Baumhaus bestimmt schon eine Baumvilla gemacht.“
Das munterte Lasse wieder auf. „Dafür haben wir immer noch Zeit.“

Von Missi kam ein zustimmendes Grinsen. „Dann könnte meine ganze Familie mit einziehen. Und deine auch, Lasse.“
„Oh, ich wohne lieber hier im Haus“, winkte Lasses Mutter mit einem kleinen Gluckser ab.
Sie öffnete das Fenster und setzte sich zu ihnen an den Tisch. Von draußen zog frische Luft in die Küche. Lasse lehnte sich auf seinem Stuhl zurück. Er fand Missi auf einmal gar nicht mehr seltsam. Sie und seine Mutter plauderten miteinander, als würden sie sich schon eine ganze Weile kennen. Lasse hatte seine Mutter selten so viel reden gehört. Die sonst so kühle und dunkle Küche wurde auf einmal warm und gemütlich.
In diesem Moment hörte Lasse die Haustür aufgehen. Das musste sein Vater sein. Wie automatisch spannten sich seine Schultern an. Dann spitzte er die Ohren.
Klack!
Die Tür wurde langsam zugeschoben. Lasse atmete auf. Sein Vater musste also recht gute Laune haben. In weißem Hemd und Anzug kam er schließlich in die Küche stolziert. Wie immer sah er wichtig und erfolgreich aus.
Als er auf den Tisch zusteuerte, bemerkte er den unbekannten Gast. Doch überrascht wirkte er nicht. Lasses Mutter hatte ihm bestimmt Bescheid gesagt.
„Hallo, junge Dame.“ Sein Vater ging gut gelaunt zu seinem Stuhl und sah runter zu Missi.
Dann musterte er sie vom Haaransatz über ihre Bärenohrringe bis zur blauen Latzhose. Die gute Laune

schien wie weggewischt. Lasse bekam einen Kloß im Hals. Missi schien auch zu merken, dass irgendetwas nicht stimmte. Lasse sah sie zum ersten Mal nicht lächeln. Sie vergaß sogar, sich vorzustellen.

Lasses Vater setzte sich und tat sich einen großen Schlag Eintopf auf den Teller. Danach nahm er seinen Löffel und fischte sich gleich noch ein paar Speckstücke mehr aus dem Topf.

„Erzähl mal." Er warf Missi einen kurzen Blick zu. „Wie heißt du noch mal?"

Jetzt, wo alle am Tisch saßen, konnten sie endlich mit dem Essen anfangen. Lasse hob vorsichtig den Löffel.

„Missi", antwortete seine Freundin knapp. Ihre Stimme war viel leiser als sonst.

„Und was machst du so, Missi?"

„Ich gehe in die fünfte Klasse. Und bald in die sechste."

Missi nahm einen ersten Löffel Bohneneintopf. Lasse sah, dass es ihr schmeckte, und darüber war er ziemlich froh. Dann sah er von Missi zu seinem Vater. Ob der sich wirklich dafür interessierte, was sie machte?

„Und deine Eltern?", fragte sein Vater weiter.

Genau das war es, was ihn interessierte. Lasses Wangen wurden warm.

„Mein Vater ist Tischler", antwortete Missi höflich, „und meine Mutter macht den Haushalt und kümmert sich um mich und Opa."

Ihr vorsichtiges Lächeln wurde von Lasses Vater ignoriert. Der kaute stattdessen konzentriert weiter auf seinem

Speckstück, wofür er scheinbar alle Gesichtsmuskeln brauchte. Sein Doppelkinn, das über der Krawatte hervorquoll, schwang gleichmäßig mit.

Lasse wusste, dass seine Befürchtung gerade wahr geworden war. Sein Vater hatte für seine Freundin nichts übrig. Missi schien die kühle Stimmung genauso zu bemerken. Sie sah sich vorsichtig in der Runde um und aß langsam weiter. Alles war still.

„Und was machen Sie?", fragte sie schließlich leise.

Lasse wusste, dass sie die Antwort eigentlich schon kannte. Sie wollte bestimmt höflich sein.

„Ich habe eine Firma. Wir stellen Pflanzenschutzmittel her", sagte sein Vater. Der Stolz in seiner Stimme war deutlich zu hören. „Es läuft momentan ziemlich gut."

Dass es gut lief, erzählte Lasses Vater jedem, der es hören wollte. Und auch jedem, der es nicht hören wollte. Nur Lasse und seine Mutter mussten sich häufig das Gemecker anhören. Zum Beispiel, wenn Mitarbeiter schluderig mit Akten umgingen. Wenn sie zu dritt waren, erzählte der Vater selten, wie gut es lief.

„Und Sie fahren diesen Sommer auch nicht in den Urlaub?", fragte Missi weiter, diesmal etwas lauter.

„Nein. Keine Zeit." Lasses Vater schüttelte den Kopf. „Ich bin momentan jeden Tag in der Firma."

„Viel Zeit haben wir nicht für Urlaub", erklärte seine Mutter. Lasse freute sich, dass sie Missi dabei anlächelte. „Wir fahren selten weg."

„Der letzte Urlaub war vor einem Jahr", warf Lasse ein. „Da waren wir ein paar Tage am Meer."
„Toll!", rief Missi. „Ich war mit meiner Familie auch letzten Sommer am Meer. Ich liebe den Wind und die großen Wellen."
Schwärmerisch lächelte sie in die Runde. Als ihr Blick Lasses Vater erreichte, sackten ihre Mundwinkel schlagartig runter. Schnell wandte sie sich wieder ihrem Teller zu.
Lasses Vater versteifte sich ganz kurz und vergaß völlig zu kauen. Scheinbar hatte ihn Missis Gefühlsausbruch so überrascht, dass er prompt seine Gewinnerhaltung verlernt hatte. Doch schon bald kaute er weiter. Sein Doppelkinn schwang gleichmäßig wie zuvor.
Es wurde wieder still am Tisch. Nur noch das dumpfe Klimpern der Löffel auf den Tellerböden war zu hören.
Wenn Missi nicht mit am Tisch gesessen hätte, wäre Lasse die Ruhe gerade recht gewesen. Doch wenn ein Gast am Tisch saß, sein eigener Gast, wirkte diese Ruhe seltsam.
Sssssumm!
Am geöffneten Fenster konnte Lasse ein leises Geräusch hören, das immer lauter wurde. Er spitzte die Ohren. Dann erkannte er einen schwarzen Punkt, der langsam durch den Fensterspalt flog. Es war eine laut brummende Fliege.
Nervös beobachtete Lasse seinen Vater. Ein Insekt im Haus, in der Küche, beim Essen. Schlimmer ging es nicht. Zumindest nicht für seinen Vater. Der spannte angewidert seinen Nacken an und sah seine Frau vorwurfsvoll an. Ganz

so, als hätte sie das Fenster schließen und am besten die ganze Küche ungezieferfrei machen sollen. Dieser Blick machte das Schweigen noch viel unangenehmer.
Fast unerträglich wurde die Stimmung, als die Fliege im Sturzflug auf den Tisch zuraste. Dicht an den roten Ohren von Lasses Vater machte sie noch einen kleinen Schlenker und landete direkt vor seinem Teller. Sie schien die Anspannung in der Luft nicht zu bemerken. Seelenruhig rieb sie ihre Vorderbeinchen aneinander, während sie von allen vier Augenpaaren angestarrt wurde. Unter dem Blick von Lasses Vater hätte das Insekt eigentlich prompt tot umfallen müssen. Lasse wagte kaum zu atmen. Das Gesicht seines Vaters lief nun dunkelrot an und sein Unterkiefer schlug beim Kauen so stark gegen den Oberkiefer, dass man fast Angst um seine Zähne bekommen musste.
Klatsch!
Sein Vater schlug mit der flachen Hand zu. Gerade als die Fliege eine Pause einlegte und ein paar Schritte vorwärts machte. Doch er hatte nicht getroffen. Mit einem *Sssssumm* tauchte die Fliege wieder an seinen roten Ohren auf.
Dann flog sie noch eine Ehrenrunde um den Tisch und verschwand schließlich unter dem wütenden Blick von Lasses Vater aus dem Fenster.
„Diese Mistviecher!“ Aufgebracht rannte er zum Fenster und schlug es zu.
Dann setzte er sich wieder an den Tisch und aß hastig weiter, wobei er mit dem Löffel lautstark auf das Porzellan

einschlug. Lasse war sich jetzt fast ganz sicher, dass er sich nicht für seine Freundin, sondern für seinen Vater schämen sollte.

Alle konzentrierten sich wieder auf ihre Teller. Auch Missi, die ihren Löffel vor Schreck fallengelassen hatte, fing wieder an zu essen.

„Woher kommt dein Name, Missi?“, fragte Lasses Mutter.

„Mir fällt gerade kein Name ein, den man so abkürzen könnte.“

Lasse war überrascht, dass sie überhaupt den Mund aufbekam. Selbst ihm war eben bei der Fliegenattacke vom Vater kurz der Atem weggeblieben. Ob seine Mutter sich auch schämte?

Missi lächelte. „Eigentlich heiße ich Caroline“, sagte sie, und Lasse hob überrascht den Kopf. „Mein Opa nennt mich, schon seit ich denken kann, Miss Sunshine.“ Sie lud sich neuen Eintopf auf den Löffel. „Und irgendwann ist daraus Missi geworden. Auch Mama und Papa nennen mich jetzt so“, erklärte sie und schob sich den Löffel in den Mund.

Lasses Vater hustete in seine Faust. Es war eindeutig, dass er sich einen abfälligen Kommentar verkniff.

„Schöne Idee“, sagte Lasses Mutter und lächelte.

Sein Vater hingegen schaufelte weiter Bohneneintopf in sich hinein. Nichts schien interessanter für ihn.

„Haben Sie eigentlich schon unser Baumhaus gesehen?“

Missi sah Lasses Mutter neugierig an.

Die schüttelte den Kopf. „Nein, noch nicht. Aber ich wusste

auch bis heute Morgen noch gar nichts von dem Baumhaus."
„Ich hatte bisher keine Zeit, davon zu erzählen", versuchte Lasse zu erklären. Natürlich war das nicht die Wahrheit, doch er hatte Angst, dass Missi enttäuscht sein könnte. Aber das war sie nicht.
„Sie können gerne mal vorbeischauen." Begeistert strahlte Missi seine Mutter an. „Es ist bei dem alten Steg am See." Dann nahm sie noch einen Löffel Eintopf in den Mund und redete mit vollem Mund weiter. „Es hat sogar ein Dach."
„Das klingt ja spannend." Lasses Mutter schien wirklich begeistert.
„Und einen Flaschenzug", erzählte Missi weiter.
In diesem Moment stand Lasses Vater ruckartig vom Tisch auf. „Hab' noch was zu tun", murmelte er.
Dann ließ er seinen Löffel in den Teller fallen und lief zur Küchentür. Alle Blicke folgten ihm, bis er im Flur verschwunden war.
„Und es hat eine Matratze", schwärmte Missi weiter und lenkte die Aufmerksamkeit wieder an den Tisch. „Wirklich, es ist sehr gemütlich. Sie müssen es unbedingt mal ansehen."
Jetzt, wo sie nur noch zu dritt am Tisch saßen, konnten Missi und Lasse gar nicht mehr aufhören, von ihrem Baumhaus zu erzählen. Auch von Förster Hannes berichteten sie haarklein, sodass Lasses Mutter kaum zu Wort kam. Aber die störte das nicht. Eigentlich wirkte sie sogar richtig vergnügt. Ob Missi sie verzaubert hatte?

„Ich glaube, ich sollte langsam los." Nach langer Zeit sah Missi auf die Uhr und rutschte von ihrem Stuhl.
Lasse nickte. Es war schon spät. Und außerdem wussten Missis Eltern nicht einmal, dass sie bei ihm war.
„Bis zum nächsten Mal und vielen Dank für das Essen", sagte Missi und winkte seiner Mutter zum Abschied. „Es war wirklich sehr lecker."
„Nichts zu danken. Bis bald", erwiderte seine Mutter, während Lasse Missi zur Tür brachte.
„Morgen beim Baumhaus?", fragte Missi, als sie nach draußen trat.
„Ja. Bis morgen."
Lasse sah ihr hinterher. Es fühlte sich seltsam an, die Tür hinter ihr zu schließen. Seine Mutter wirkte zwar immer noch vergnügt, doch die Stimmung in der Küche war nicht mehr dieselbe. Zum Glück wusste Lasse aber, wo er die Stimmung wiederfinden konnte. Schon jetzt freute er sich auf den nächsten Tag beim Baumhaus, wo er Missi wiedersehen würde.

Das gute alte Herz

Als Lasse am nächsten Tag zum Baumhaus kam, konnte er Missi schon von Weitem auf der Plattform erkennen. Sie stand am Geländer und hielt einen leuchtend gelben Löwenzahn in den Händen. Kurz darauf sah Lasse zwei schwarze Balkonkästen am Baumhaus. Darin waren noch viel mehr wilde Blumen eingepflanzt.

„Das sieht gut aus!", rief er, als er bei der Buche ankam und auf die Leiter zu stapfte. „Schön bunt."

Missi winkte ihm zu. „Passt super, oder?" Sie setzte die letzte Blume ein und drückte die Erde fest. Dann ließ sie eine grüne Gießkanne über das Geländer fallen. „Kannst du mir da mal Wasser rein füllen?"

„Klar!" Lasse hob die Kanne auf und marschierte mit ihr zum See. Danach zog er die volle Gießkanne mit dem Flaschenzug nach oben. „Hier!"

„Danke." Missi nahm sie entgegen.

Dann kletterte Lasse zu ihr auf das Baumhaus.

„So, ihr Lieben. Jetzt bekommt ihr alle eine Dusche", kündigte Missi den Blumen fröhlich an und hob die Gießkanne über das Geländer.

„Redest du mit ihnen?" Lasse schmunzelte.

„Klar!" Missi drehte sich kurz zu ihm um. „Das mögen sie."

„Aha." Lasse kicherte und machte es sich auf der Matratze gemütlich. Dann machte er die Augen zu und lauschte Missis Stimme.

„Deine Mama ist nett.“ Missis redete jetzt nicht mehr mit dem Löwenzahn, sondern mit Lasse.
Er öffnete die Augen.
„Findest du?“ Mehr fiel ihm darauf nicht ein.
„Ja, wirklich!“ Sie nickte eifrig. „Und kochen kann sie auch super.“ Sie lächelte.
Lasse lächelte zurück. Er hatte das Gefühl, dass Missi noch etwas anderes auf der Zunge lag. Doch da sie nichts weiter sagte, machte er die Augen wieder zu.
„Verstehst du dich eigentlich gut mit deinem Vater?“, fragte sie.
Lasse schwieg. Was sollte er darauf antworten? Er stritt sich fast nie mit seinem Vater. Aber verstanden sie sich deshalb gut? Nein, irgendetwas fehlte. Aber was? Mehr Klopfer auf die Schulter, wenn er etwas gut gemacht hatte, vielleicht. Häufig passierte das nicht. Manchmal wünschte Lasse sich auch, einfach mal in den Arm genommen zu werden. Einfach so. Damit sein Vater ihm zeigte, dass er ihn mochte. Genauso wie Lasse ihn auch mochte.
„Ich weiß nicht“, antwortete er schließlich.
Missi nickte und drehte sich wieder zu den Blumen. Zum Glück hakte sie nicht weiter nach. Wie hätte er ihr das auch erklären sollen?
„Manchmal wünsche ich mir, dass er mir öfter sagt, dass ich etwas gut gemacht habe“, rutschte es auf einmal aus ihm heraus. „Zum Beispiel, wenn ich in der Schule eine gute Note schreibe.“
Missi ließ ihre Gießkanne sinken und schaute Lasse mit

großen Augen an. „Du wirst nicht gelobt, wenn du eine gute Note schreibst?“

„Nur von meiner Mutter“, erwiderte Lasse, sah Missi dabei aber nicht an. Stattdessen starrte er konzentriert auf seine Hände. Unter seinen Fingernägeln hatte sich etwas Dreck angesammelt.

„Na immerhin!“, sagte Missi leise, aber aufmunternd. „Vielleicht ist dein Vater ja wie mein Mathelehrer. Der lobt auch nicht gerne. Auch wenn man gute Noten schreibt.“

Lasse überlegte kurz, schüttelte dann aber den Kopf. „Glaub‘ ich nicht“, sagte er. „Ich glaube, ich bin wirklich einfach noch nicht gut genug für ihn. Es ist ja auch nicht nur bei den Noten so. Irgendwie bei allem.“ Er seufzte.

„Hat er das auch mal gesagt?“, fragte Missi. „Dass du nicht gut genug bist?“

„Nein.“ Lasse schüttelte den Kopf. Dann seufzte er wieder und zuckte mit den Schultern. „Aber ich merke das auch so.“

Missi nickte nachdenklich, schwieg aber.

„Manchmal denke ich, es ist doch eigentlich okay, dass er so viel von mir verlangt. Ich bekomme ja auch viel von ihm.“

Kurz sah Lasse in Missis Richtung.

Die wirkte nachdenklich. „Was bekommst du denn alles?“

„Eigentlich fast alles, was ich brauche und haben will. Ich muss mir keine Sorgen machen, dass mir mal etwas fehlen könnte.“ Wieder zuckte Lasse mit den Schultern. „Zumindest sagt mein Vater das ab und zu. Dass er mir viel bietet, meine ich.“

Eigentlich wünschte er sich natürlich, dass sein Vater trotzdem nicht immer das Beste vom Besten von ihm erwarten würde. Dass der ihn auch so liebhatte und ihm auch so alles geben würde, was er brauchte. Eigentlich hatte Lasse selten das Gefühl, dass sein Vater wirklich stolz darauf war, einen Sohn wie ihn zu haben. Dabei war Lasse selbst sehr stolz darauf, einen Vater zu haben, der so viel konnte wie seiner.

Und wenn Lasse ganz ehrlich zu sich war, fragte er sich sogar manchmal, ob sein Vater ihn überhaupt lieb hatte. Aber diese Frage, würde er sich nie trauen, laut auszusprechen.

„Wann hat er dich denn das letzte Mal gelobt?“, fragte Missi und holte Lasse zurück aus seinen Gedanken.

Lasse überlegte. Ihm fiel das Zeugnis von vor einem Jahr ein. Dafür hatte sein Vater ihm auf die Schulter geklopft. Aber auch vor ein paar Wochen, erinnerte sich Lasse, hatte er seinen Vater begeistern können.

„Letzten Monat wurden wir in der Klasse umgesetzt“, murmelte er, „und ich wurde neben einen Jungen gesetzt, den mein Vater mag. Die Eltern von dem sind Gewinner.“ Er zog die Schultern hoch. „Das ist meinem Vater irgendwie total wichtig.“

Missi sah ihn aufmerksam an, sagte aber nichts.

„Er will, dass ich später auch ein Gewinner werde“, erklärte Lasse weiter. „Deshalb soll ich besser nur mit Gewinnerkindern spielen.“

Als Lasse das sagte, schien sich ein großer Knoten in seinem Magen zu lösen. Es war wie ein Geheimnis, das er die ganze Zeit vor Missi gehabt hatte. Endlich war es raus.
„Was sollst du denn gewinnen?“ Missi runzelte fragend die Stirn.
Lasse zuckte mit den Schultern. „Ich soll einfach später viel können und viel Geld verdienen, genauso wie mein Vater. Er sagt, auf der Welt gibt es Gewinner und Verlierer. Ich soll halt auf der besseren Seite stehen“, erklärte er. „Und ich glaube, dass ich das auch will. Wer will das nicht?“
Missi schwieg und fing wieder an, die Blumen zu gießen. Sie wirkte nachdenklich.
„Bin ich für ihn etwa ein Verliererkind?“, fragte sie schließlich leise. Dabei stand sie stocksteif da und sah Lasse nicht an.
„Ja“, antwortete er.
Missi sagte nichts. Immer noch stand sie wie angewurzelt da. War sie beleidigt?
Plötzlich drehte sich Lasses Magen um. Er wollte nicht, dass Missi sauer auf ihn war. Hätte er doch nur gelogen!
Er hielt den Atem an und sah vorsichtig zu ihr rüber. Die Zeit schien stillzustehen. Dann stellte Missi ruckartig die Gießkanne ab, ging wortlos zur Leiter und stieg sie hinunter. Lasse konnte erkennen, dass sie zum Steg lief. Bäuchlings legte sie sich auf die alten Holzbretter und kehrte ihm den Rücken zu.
Jetzt war sie beleidigt und Lasse war schuld. Er wollte sich

mit ihr vertragen. Aber was sollte er ihr sagen?
Hin- und hergerissen sah er zu ihr runter. Schließlich setzte Missi sich auf und drehte sich zu ihm um. Sie lächelte nicht. Das Gesicht, das sie jetzt machte, hatte Lasse noch nie bei ihr gesehen. Es gefiel ihm überhaupt nicht.
„Wenn Gewinner immer nur schlechte Laune haben wie dein Vater, will ich kein Gewinner sein!“, rief sie. „Mein Vater hat fast immer gute Laune und interessiert sich für mich!“ Sie gab ein Schluchzen von sich. „Ich bin stolz darauf, eine Verliererin zu sein. Und du tust mir einfach nur leid!“
Darauf wusste Lasse keine Antwort. Sie hatte recht, sein Vater hatte selten gute Laune. Zumindest, wenn die Familie dabei war. Hatten Verlierer etwa immer bessere Laune?
Missi drehte sich wieder zum See und ließ ihre Beine über dem Wasser baumeln. Lasse wusste, dass es Zeit war, sich zu entschuldigen. Doch wie sollte er das anstellen? So etwas hatte er doch noch nie gemacht.
Langsam kletterte er die Leiter hinunter und setzte sich zu Missi auf den Steg. Als sie ihn ansah, bemerkte er ihre nassen Wimpern. Sie wischte sich ihre Augen trocken und schaute wieder auf das Wasser.
Lasse beobachtete sie kurz, holte tief Luft, doch brachte kein Wort heraus. Stattdessen schwieg er wie Missi den See an. Hatte sie zumindest irgendwie gemerkt, was er sagen wollte? Wieder beobachtete er Missi aus seinen Augenwinkeln.
Ihre grünen Augen glitzerten immer noch von den Tränen. Schließlich, Lasse fiel ein großer Stein vom Herzen, rutschte

sie zu ihm und legte ihm einen Arm um die Schulter.
Er spürte Gänsehaut am ganzen Körper. Hatte sie ihm verziehen?
Lasse legte seine Hand sanft auf Missis Rücken. Der war warm und er konnte ihr Herz ganz leicht klopfen fühlen.
„Es tut mir leid“, brachte er schließlich doch hervor.
„Ich weiß.“ Missi lächelte ihn an. „Mir auch.“
Lasse wagte nicht, sich zu bewegen. Eigentlich wollte er Missi nicht mehr loslassen. Reglos saßen beide auf dem Steg und beobachteten das Ruderboot, das gerade von einem Frosch gekapert wurde.

Als Missi sich zum Essen verabschiedete, blieb Lasse noch auf dem Steg sitzen. Es war noch zu früh, um nach Hause zu gehen. Doch angeln wollte er auch nicht. Was konnte er sonst tun?
Nach kurzem Grübeln kam ihm eine Idee und er stand mit einem Ruck auf beiden Füßen. Ein Besuch bei Hannes war jetzt genau das Richtige.
Als Lasse die Lichtung erreichte, sah er den Förster auf der Veranda sitzen. Im Schaukelstuhl wippend nahm der gerade einen Schluck aus seiner Kaffeetasse.
„Hallo, Hannes.“
Etwas mutiger als beim ersten Besuch ging Lasse auf den rothaarigen Mann zu. Der sah sich überrascht um und grinste.
„Na, wen haben wir denn da?“

Als Lasse die Stufen zur Veranda hochstieg, stand Hannes auf und schob ihm den Stuhl hin.
„Setz dich, Lasse. Möchtest du auch etwas trinken? Einen Kakao vielleicht?"
„Oh ja." Lasse ließ sich auf den Schaukelstuhl fallen.
Hannes verschwand in der Hütte und kam kurz darauf mit einer dampfenden Tasse zurück.
„Wo hast du denn eigentlich Missi gelassen?"
„Die musste nach Hause." Lasse nahm den Kakao entgegen.
„Danke."
„Schade", sagte Hannes und setzte sich mit seiner Kaffeetasse auf die Bank. „Aber schön, dass du da bist. Wie weit seid ihr denn mit eurem Baumhaus?"
Lasse nahm einen großen Schluck und fing an zu erzählen:
„Wir sind, glaube ich, fertig. Zumindest haben wir nichts mehr geplant. Seit heute haben wir sogar Blumen am Geländer."
Wieder nahm er einen Schluck. Der Kakao schmeckte wunderbar süß.
„Oh, schon fertig. Dann muss ich mir euer Werk ja wirklich bald mal ansehen." Hannes setzte sich auf die Bank und nickte ihm zu.
„Klar, kannst immer kommen." Lasse lächelte.
Er freute sich über Hannes' Interesse. Sein Vater hatte dem Thema Baumhaus kein bisschen Beachtung geschenkt. Der Förster aber stellte Fragen dazu und wollte es sogar sehen.
„Ich habe bemerkt", fuhr Hannes fort, „dass du schon sehr

viel über Waldtiere weißt. Interessierst du dich für Tiere?"
„Und wie!" Lasse nickte und ließ erfreut den Stuhl wippen. „Ich beobachte sie auch gerne und lese sehr viel über sie. Mein Bücherregal ist voll."
„Wirklich?" Hannes strahlte ihn an. „Für welche Tiere interessierst du dich am meisten?"
Lasse konnte gar nicht aufhören, von den Tieren aus seinen Büchern zu erzählen. Endlich hatte er einen Experten gefunden, mit dem er sich so richtig austauschen konnte. Hannes hörte ihm aufmerksam zu und schwärmte genauso sehr für die Waldbewohner wie er. Außerdem wusste der noch viel mehr, als Lasse je in seinen Büchern gelesen hatte.
„Du weißt ja eine Menge." Wieder nickte Hannes anerkennend und dieses Mal störte es Lasse kein bisschen, dass seine Wangen warm wurden.
„Sieh mal, da!" Hannes zeigte auf zwei Enten auf dem See, die sich gegenseitig am Gefieder beknabberten. „Weißt du, welche davon das Weibchen ist?"
„Die braune!" Lasse war stolz, die Frage richtig beantworten zu können.
„Genau. Und wie heißt die männliche Ente?"
„Erpel. Der mit dem grünen Kopf."
Hannes nickte und sah wieder zu den Tieren auf dem See. Der Erpel steckte nun seinen Kopf unter Wasser und ließ sein Hinterteil nach oben stehen. Die braune Ente beobachtete ihn kurz und machte ihm dann das Kunststück nach.

„Ich würde bald zu Abend essen", sagte Hannes. „Möchtest du auch etwas? Oder gehst du zum Essen nach Hause?"
Diese Frage fand Lasse noch einfacher zu beantworten als die Fragen davor. Natürlich wollte er noch bleiben. Und Hunger hatte er auch schon.
„Ich habe für heute Abend Brot gebacken. Bleib ruhig sitzen. Ich hole alles raus. Draußen zu essen ist doch viel schöner als drinnen." Hannes zwinkerte ihm zu und verschwand in seiner Hütte.
Lasse lehnte sich in seinem Stuhl zurück und beobachtete wieder die Enten, die nun ihren Tauchgang beendet hatten und auf den See hinaus schnatterten. Nach einer Weile kam Hannes wieder aus der Hütte und legte ein Brot und ein Brett mit einem Messer auf den Tisch.
„Schneidest du uns ein paar Scheiben ab?", fragte er. „Ich hole den Rest."
Lasse nickte und nahm das Messer in die Hand. Als er das Brot mit der anderen Hand berührte, war es noch warm. Und als er die erste Scheibe abschnitt, stieg ihm ein wunderbarer Geruch in die Nase. Außen war das Brot knusprig und innen unglaublich weich. Es war unmöglich, gerade Scheiben abzuschneiden.
„Hier ist Wurst, Schinken, Käse und natürlich Butter." Hannes verteilte den Aufschnitt auf dem Tisch. „Was möchtest du?"
„Wurst", sagte Lasse und ließ sich von Hannes ein Brot mit Butter beschmieren und mit dicken, frischgeschnittenen

Wurstscheiben belegen. „Danke."
Danach machte Hannes sich auch ein Brot. Er verlor kein Wort über die schiefgeratenen Schnitten. Es schien ihm nicht einmal aufzufallen.
„Lecker!" Lasse konnte sich nicht daran erinnern, schon einmal so ein leckeres Wurstbrot gegessen zu haben.
„Freut mich, dass es dir schmeckt", sagte Hannes.
Danach genossen beide schweigend ihr Essen. Der Käse, den Lasse auf seinem zweiten Brot probierte, war mindestens genauso köstlich wie die Wurst.
„Erzähl mal, Lasse", fing Hannes schließlich wieder an, als er sein zweites Brot aufgegessen hatte, „woher kennst du Missi? Geht ihr in dieselbe Klasse?"
„Nein", antwortete Lasse mit vollem Mund. „Wir haben uns vor zwei Wochen im Wald kennengelernt."
„Oh, wirklich? Mir kam es vor, als wärt ihr schon ewig befreundet."
Lasse schüttelte den Kopf.
„Ein tolles Mädchen, deine neue Freundin." Hannes belegte seine dritte Brotscheibe mit Schinken. „Immer fröhlich. Eine Frohnatur kann man sagen. Genauso wie Susanne damals."
„Stimmt, du kennst ihre Mutter ja von früher", erinnerte sich Lasse.
„Ist die ganze Familie so herzlich?", fragte Hannes.
Lasse blieb der Bissen fast im Hals stecken. Er musste auf einmal an den Blick denken, mit dem sein Vater Missi

angesehen hatte. Das Wort „herzlich“ war dem bestimmt nicht eingefallen. Jetzt schämte sich Lasse, Missi eine Verliererin genannt zu haben. Sein Käsebrot schmeckte auf einmal nur noch halb so gut.

„Geht es dir nicht gut?“, fragte Hannes und hörte auf, sein Brot zu belegen.

„Doch.“ Lasse biss wieder in sein Brot, um sich nichts anmerken zu lassen.

Er wusste, dass Hannes ihm nicht glaubte. Doch zum Glück fragte der nicht weiter nach. Wieder war da die angenehme Stille.

Hannes schnitt sein Schinkenbrot in der Mitte durch und reichte Lasse eine Hälfte. Und obwohl sein Magen schon drückte, verputzte Lasse auch die noch mit Genuss.

„Das war doch ein herrliches Abendessen.“ Hannes lehnte sich auf seiner Bank zurück und schaute satt und zufrieden auf den See. Genauso wie Lasse hatte er seine Hälfte restlos aufgegessen.

„Mhm.“ Lasse nickte.

Dann überlegte er. Eigentlich war ihm jetzt doch danach, über Missi und seinen Vater zu reden. Hannes konnte er alles sagen, das wusste er.

„Mein Vater ist nicht der Meinung, dass Missi ein toller Mensch ist. Da bin ich mir ziemlich sicher“, sagte er.

„Huch! Warum das denn?“ Hannes setzte sich wieder auf und sah ihn verdutzt an.

Lasse zuckte mit den Schultern.

„Er findet, dass ich mit Kindern von Gewinnern spielen sollte. Damit aus mir auch ein Gewinner mit viel Erfolg und Geld wird. Genauso wie mein Vater."

Hannes sah Lasse aufmerksam an. „Du meinst also, dass Missi keine gute Freundin ist, weil sie keine Gewinnerin ist?"

„Mein Vater meint das!"

„Und was sagst du?" Hannes nahm ihn ernst, das war zu spüren.

„Ich weiß es nicht", sagte Lasse und zog die Schultern hoch. „Ich weiß nicht, was richtig ist."

Hannes schien nach den richtigen Worten zu suchen. „Weißt du, richtig und falsch", fing er an, „diese Worte können einem das Leben ziemlich kompliziert machen."

Lasse sah Hannes fragend an.

„Richtig und falsch sind zwei Schubladen, die sich der Mensch ausgedacht hat. Das merkst du besonders daran, dass jeder eine andere Vorstellung von richtig und falsch hat. Genauso wie man bei den Worten Gewinner und Verlierer unterschiedliche Bilder im Kopf haben kann. Ich zum Beispiel halte mich selbst für einen Gewinner. Obwohl ich weder viel Geld noch großen Erfolg habe. Aber dein Vater würde mich wahrscheinlich eher in die andere Schublade stecken."

Hannes machte eine kurze Pause. Doch bevor Lasse etwas sagen konnte, sprach er schon weiter.

„Es ist wichtig, dass du selbst herausfindest, was für dich gut und was für dich schlecht ist. Verstehst du? Noch hast du in deinem Kopf dieselben Schubladen wie dein Vater: eine für richtige Dinge, eine für falsche Dinge, eine für Gewinner und eine für Verlierer. Schubladen, in die du vieles, was dir begegnet, einsortierst. Auch Missi. So hast du es von deinem Vater gelernt."

Lasse nickte. Auch wenn er nicht ganz sicher war, ob er den Förster richtig verstanden hatte.

„Um herauszufinden, was für dich gut und was schlecht ist, musst du dir deine Schubladen genauer ansehen. Was hast du in deinem Köpfchen von anderen übernommen? Was würdest du anders einsortieren?" Hannes tippte liebevoll mit dem Zeigefinger auf Lasses Stirn. „Stell dir mal vor, es gebe gar keine Schubladen, kein Richtig und kein Falsch."

Wieder machte Hannes eine Pause und Lasse malte sich kurz aus, wie er zwei riesige Schubladen zertrümmerte. Dann seufzte er und dachte schließlich genauer darüber nach, was Hannes gesagt hatte.

„Wenn Missi nicht falsch und auch nicht richtig ist", murmelte er, „was ist sie denn dann?"

„Stell dir vor, sie wäre gar nichts von beidem. Wie fühlt sich das dann für dich an? Schon viel besser, oder?", fragte Hannes.

Lasse nickte. Ja, er fühlte sich besser. Denn es gab die Möglichkeit, dass Missi gar nicht falsch war. Wie schön wäre das?!

„Ich habe mir früher auch das Leben schwer gemacht, als ich noch alles in die vorgegebenen Schubladen sortiert habe.

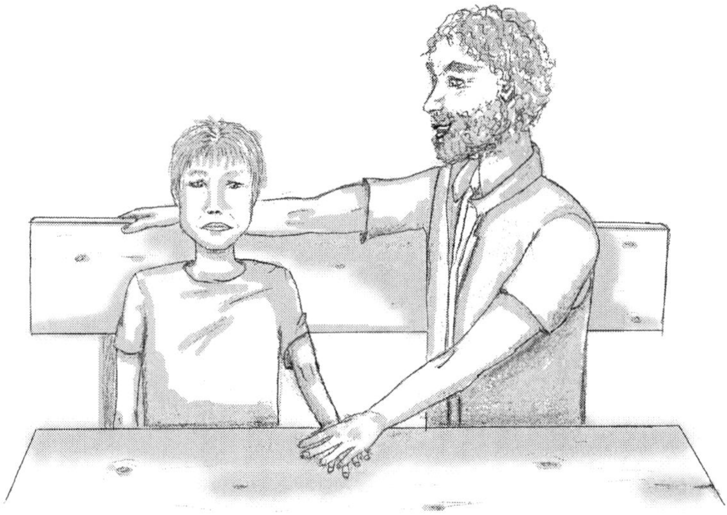

Sogar mich selbst wollte ich ständig in eine der Schubladen stecken. Denn auch ich wollte natürlich immer richtig sein. Aber glaube mir, mein Junge, das macht dich ganz bestimmt nicht glücklich."

Wieder nickte Lasse. Das würde zumindest erklären, warum sein Vater fast immer schlechte Laune hatte. Der teilte schließlich alles auf der Welt in Richtig und Falsch und alle Menschen in Gewinner und Verlierer ein.

„Und woher weiß ich dann, was richtig ist?", fragte Lasse.

„Woher weiß ich, was ich tun soll? Und was ich über Missi denken soll?"

Hannes sah ihn aufmerksam an und nahm seine Hand.

„Es gibt kein Richtig", betonte er noch einmal. „Es gibt nur ein Ja und ein Nein. Und das sagt dir das hier." Hannes legte Lasse die Hand auf die Brust. „Dein Herz."

Lasses Herz hämmerte aufgeregt gegen seine Hand. Ganz so, als wollte es mitreden.
„Hörst du es?“, fragte Hannes.
„Ja“, antwortete Lasse, aber meinte der Förster wirklich das Klopfen?
Hannes schwieg. Genauso sagte Lasse kein Wort, obwohl ihm tausend Fragen durch den Kopf schwirrten. Sollte er jetzt aus dem Klopfen Antworten heraushören? Er wusste nicht so genau, was Hannes mit der Herzsache meinte. Aber er wünschte sich, dass er mit den Schubladen recht hatte. Wenn Lasse genau überlegte, war er selten der gleichen Meinung wie sein Vater. Doch er war sich immer sicher gewesen, dass dieser am besten über alles Bescheid wusste. Auch wenn es sich für Lasse selten gut anfühlte. Wie schön wäre es, wenn es kein Richtig und kein Falsch gebe. Dann wäre Missi auf jeden Fall nicht falsch. Dann wäre sie einfach Missi.
„Manchmal ist es schwer, auf sein Herz zu hören. Aber glaub mir, das kannst du lernen. Und je mehr du in deinem Leben auf dein Herz hörst, desto glücklicher wirst du. Du weißt dann einfach immer, was wirklich gut für dich ist.“ Hannes klopfte Lasse auf die Schulter und lächelte. „Dein Herz spricht bei allen Fragen im Leben zu dir. Auch bei der Frage, wer dein Freund sein sollte.“ Er zwinkerte Lasse zu. „Natürlich kannst du auch ein Gewinner werden, genauso, wie es sich dein Vater wünscht. Aber das ist keine Garantie zum Glücklichsein. Du wirst nur glücklich, wenn du deinem

Herzen treu bist. Ob mit oder ohne Geld und Erfolg."
Lasse zögerte. Das klang alles zu schön, aber auch irgendwie verrückt.
„Woher weiß ich denn, was mein Herz sagt? Wie kann ich mir sicher sein, was es will?"
Das Einzige, was Lasse fühlte, war das wilde Pochen in seiner Brust, auf das er noch nie so sehr wie jetzt geachtet hatte. Spürte sein Herz etwa, dass es gerade Lasses volle Aufmerksamkeit hatte?
„Probiere es doch einfach einmal aus", antwortete Hannes. „Stell dir vor, dein Vater würde dir verbieten, dich mit Missi zu treffen. Wie fühlt sich dein Herz an?"
Lasse horchte in sich hinein. Sein Herz sagte zwar nichts, doch er spürte ein schmerzhaftes Stechen in der Brust.
Hannes beobachtete ihn kurz und sagte dann: „Und jetzt stell dir vor, er würde Missi total toll finden und ihr könntet jeden Tag im Wald spielen."
Wieder horchte Lasse in sich hinein. Fast war es so, als würde Wasser in seine Brust fließen. Warmes Wasser, in dem sein Herz jetzt ein wohliges Bad nahm.
Hannes lächelte. „Man kann dir die Antwort sogar im Gesicht ablesen."

Eine Nacht im Baumhaus

Gab es wirklich kein Richtig und kein Falsch? War Missi wirklich keine Verliererin?
Als Lasse kurze Zeit später auf dem Heimweg war, spukten ihm tausend Fragen durch den Kopf. Was Hannes gesagt hatte, fühlte sich einfach zu schön an. Außerdem kam es Lasse so vor, als hätte ihm der Förster ein neues Einmaleins erklärt. Ein sinnvolleres Einmaleins, mit dem man noch viel besser rechnen konnte als mit dem, das man in der Schule lernte. Denn ganz bestimmt wäre Lasse viel glücklicher, wenn er Missi nicht ständig falsch finden würde. Dabei machte er das nur, weil er es von seinem Vater gelernt hatte. Der legte nämlich alles auf der Welt in Schubladen. Und obendrein war der auch noch ständig schlecht drauf. Missi dagegen teilte nichts auf. Sie legte nichts in Schubladen, auf denen Richtig oder Falsch stand. Konnte sie etwa auf ihr Herz hören? Und war sie deswegen so fröhlich?
Als Lasse den Wald hinter sich gelassen hatte und in seine Einfahrt bog, blieb er überrascht stehen. Das ganze Haus, jedes Fenster war hell erleuchtet, sogar das auf dem Dachboden. Warum brannte denn überall Licht?
Er schloss die Tür auf und trat in den Flur, wo er sich vorsichtig umsah. Ihm war, als würde hier irgendetwas in der Luft liegen. Nicht nur, weil in jedem Raum das Licht eingeschaltet war. Genauso seltsam war, dass fast alle Türen sperrangelweit offenstanden.

„Hallo?“, rief er leise.

Er wartete kurz auf eine Antwort, doch alles blieb still. Dann zog er seine Schuhe aus und ging vorsichtig in die Küche. Als sein Blick auf die Essecke fiel, blieb er verwundert stehen.

Sein Vater saß mit starrem Blick am Küchentisch. Die Zeitung war vor ihm aufgeschlagen, aber er schien mit den Gedanken ganz woanders. Irgendwo, wo es scheinbar nicht besonders schön war. Lasse kam sich vor wie ein durchsichtiges Gespenst.

Dann hörte er im Obergeschoss seine Mutter von einem Zimmer ins nächste laufen. Auch das war neu. Normalerweise bewegte sie sich geräuschlos durchs Haus. Schließlich kam sie sogar laut polternd die Treppe herunter. Lasse ging ihr vorsichtig entgegen und sah, wie sie lieblos einen Koffer hinter sich herzog. Es war ihr Reisekoffer, der normalerweise auf dem Dachboden untergebracht war und nur heraus gekramt wurde, wenn es in den Urlaub ging. Aber Urlaub war diesen Sommer nicht geplant. Hier stimmte

etwas nicht. Lasse wagte kaum zu atmen.
„Lasse“, sagte seine Mutter ein wenig erleichtert, „da bist du ja.“
„Bin ich zu spät?“ Er sah auf die Uhr. Es war noch nicht sieben.
„Nein. Mir war nur wichtig, dich noch mal zu sprechen.“
Lasse sah, wie sie sich mit dem Handrücken über die Augen wischte. Sie hatte schon wieder geweint.
„Du, ich muss für ein paar Tage weg. Ich fahre zu Oma und Opa“, sagte sie, ohne eine weitere Erklärung. „Möchtest du mitkommen?“
Urlaub bei Oma und Opa? Lasse stutzte und warf einen flüchtigen Blick auf die verquollenen Augen seiner Mutter. Nein, das war kein Urlaub. Sie wollte abhauen. Aber warum hatte sie dann gefragt, ob er mitkommen wollte?
Lasse war hin- und hergerissen. Er wollte seine Mutter nicht enttäuschen, falls sie ihn wirklich dabei haben wollte. Doch er wollte auch nah genug beim Baumhaus bleiben. Nah genug bei Missi und Hannes bleiben.
„Nein!“, sagte er schließlich und schüttelte den Kopf. „Ich will morgen zum Baumhaus.“
„Gut.“ Sie gab ihm einen Kuss auf die Stirn, was sie so gut wie nie tat. „Essen ist im Kühlschrank und Geld liegt bei dir auf dem Schreibtisch, falls etwas fehlen sollte. Du kannst mich jederzeit anrufen.“
Lasse nickte stumm. Er wusste nicht, was er sagen oder fühlen sollte.

„Bis bald, mein Schatz“, sagte seine Mutter und strich ihm durchs Haar. Dann verschwand sie aus der Tür.

Von Lasses Vater hatte sie sich nicht verabschiedet. Kaum war die Haustür zu, stand er auf, ging wortlos ins Wohnzimmer und schlug die Tür hinter sich zu.

Das Haus zitterte kurz. Danach war alles still.

Als Lasse seinen vertrauten Weg Richtung Baumhaus lief, dämmerte es schon. Stundenlang hatte er noch gehofft, seine Mutter würde wiederkommen und sich mit seinem Vater vertragen. Stunden, in denen er voller Sorge am Fenster gesessen und nach draußen gestarrt hatte. Doch sie war nicht zurückgekommen. Irgendwann hatte Lasse es nicht mehr ausgehalten und seinen Rucksack gepackt. Mit seinen Schlafsachen, seinen Angelsachen und einem bescheidenen Frühstück für den nächsten Tag hatte er sich schließlich aus dem Haus geschlichen.
Jetzt, bei der Buche angekommen, stieg er die Leiter hoch und sah sich um. Ganz schön einsam war es hier ohne Missi. Mit ihr würde es Lasse gerade bestimmt besser gehen. Sie hätte ihn von seinen Gedanken ablenken können.

Trotzdem, zurück nach Hause wollte er auf keinen Fall. Er breitete seinen Schlafsack auf der Matratze aus und zog sich seinen Schlafanzug an. Doch er hatte noch gar nicht vor, ins Bett zu gehen. Er wollte lieber noch ein paar Minuten am See verbringen. Und die Zähne musste er sich schließlich auch noch putzen.
Also kletterte er mit seiner Zahnbürste die Leiter hinunter und legte sich bäuchlings auf den Steg, sodass er die Borsten in das trübe Wasser tauchen konnte. Dann schob er sich die Bürste in den Mund und tat dasselbe, was er auch zu Hause mit Zahnpasta und Leitungswasser getan hätte. Sein Mund schmeckte danach zwar etwas nach See, doch seine Zähne fühlten sich sauber an. Und mehr hatte Lasse auch eigentlich nicht erwartet.
Danach legte er seine Zahnbürste auf den Steg und rollte sich auf den Rücken. Erst jetzt fielen ihm die vielen Sterne am Himmel auf. Bis auf einen flachen Streifen am Horizont war es schon fast dunkel. So dunkel wie in Lasses Kopf.
Um nicht an seine Mutter zu denken, ging Lasse in seinen Gedanken noch einmal das Gespräch mit Hannes durch. Das Gespräch, in dem der Förster ihm eine neue Wahrheit über Richtig und Falsch erklärt hatte. Konnte es tatsächlich sein, dass es diese Schubladen gar nicht wirklich gab? Diese beiden Schubladen, auf denen Richtig und Falsch stand? Eben gerade zum Beispiel hatte Lasse sich die Zähne mit Seewasser geputzt. War das vielleicht auch nicht falsch und auch nicht richtig, sondern einfach gar nichts von beidem?

Sein Vater hätte mit Sicherheit gemeckert, hätte er es gesehen. Aber Lasse hatte es einfach gemacht, weil er weder Zahnpasta noch sauberes Wasser mitgebracht hatte. Und weil es sich in dem Moment einfach richtig angefühlt hatte.
Jetzt wurde Lasse stutzig. Hatte er etwa gerade auf sein Herz gehört? Aufgeregt setzte er sich auf. Ja, genau das hatte er! Er hatte auf sein Herz gehört. Begeistert schnaubte er auf.
Und dann fiel ihm noch etwas ein, wo er heute schon mal auf sein Herz gehört hatte. Nämlich, als seine Mutter ihn gefragt hatte, ob er mit zu Oma und Opa kommen wollte.
„Nein", hatte eine Stimme in ihm gesagt. Er wollte bei dem Baumhaus, bei Missi und bei Hannes bleiben.
War es vielleicht wirklich gar nicht so schwer, auf sein Herz zu hören? Oder konnte Lasse das nur, wenn man ihm auch die Wahl ließ, so wie seine Mutter es gemacht hatte?
Sein Vater war da anders. Der ließ ihm selten eine Wahl. Deswegen hatte Lasse ihn auch gerade nicht gefragt, ob er im Baumhaus schlafen durfte. Ohne ein Wort hatte er sich einfach aus dem Haus geschlichen. Damit seinem Vater auch später nichts auffallen konnte, hatte Lasse noch schnell ein paar Kissen unter seiner Bettdecke versteckt, sodass es so aussah, als würde er selbst in seinem Bett liegen. Bei seinem Vater, da war er sich sicher, konnte er nur heimlich machen, was sich richtig anfühlte.
Lasse spürte, wie sein Herz leise vor sich hin klopfte. Was es wohl gerade zu seinem heimlichen Ausflug sagte?
Wie schon am Nachmittag bei Hannes lenkte er nun all

seine Aufmerksamkeit in seine Brust. Die fühlte sich eng an und ihm fiel es schwer, tief einzuatmen. Doch bei dem Gedanken, jetzt allein in seinem Bett zu liegen, schnürte sich alles noch viel mehr zusammen.
Lasse atmete einmal tief durch. Ja, es war bestimmt die bessere Entscheidung gewesen, heute Nacht hierherzukommen. Warum sollte er auch machtlos zu Hause sitzen und auf seine Mutter warten?
Wieder konzentrierte er sich auf den Sternenhimmel. Alles war still. Nur eine frische Brise blies leise unter seinen Schlafanzug. Fröstelnd rieb er sich Arme und Beine. Es wurde langsam wirklich kalt. Außerdem war das Baumhaus schon fast gar nicht mehr zu erkennen. Er sollte jetzt wirklich schlafen gehen.
Langsam stand Lasse auf, nahm seine Zahnbürste und ging zur Leiter. Eine Taschenlampe hatte er leider nicht dabei. Also kletterte er vorsichtig die Sprossen hoch, tastete sich langsam zur Matratze vor und kroch in seinen Schlafsack. Er bemühte sich, an nichts zu denken. Doch die Bilder von seiner Mutter mit dem Koffer in der Hand gaben seinem Gedankenkarussell immer wieder neuen Anschwung.
Warum hatten seine Eltern Streit? War der Streit schlimm? Würde seine Mutter wiederkommen?
Was hätte Lasse dafür gegeben, jetzt nicht allein im Baumhaus zu sein. Zu zweit würde ihm das Einschlafen bestimmt leichter fallen.
Knack!

Lasse schreckte zusammen. Etwas Großes, Schweres musste unter ihm in trockenes Geäst getreten sein. Dann streifte etwas an der Leiter entlang. War es ein Tier?

Lasse lauschte. Es hörte sich so an, als hätte der Unbekannte vier Beine. Doch als Lasse mit dem Schlafsack zur Leiter robbte und nach unten schaute, konnte er nichts erkennen. Alles war schwarz. Er ging in Gedanken alle Tiere durch, die groß und schwer waren. Ein Reh, ein Fuchs oder vielleicht sogar ein Wildschwein konnte unter ihm sein. Doch aus seinem Tierbuch wusste Lasse, dass ihm diese Tiere hier oben nichts anhaben konnten.

Oder vielleicht doch? Lasse überlegte. Was, wenn doch ein Tier die Sprossen heraufkommen konnte? Oder was, wenn es sogar fremde Menschen waren? Auf einmal bekam Lasse richtig Bammel. Wie bloß konnte er sich hier oben schützen?

Doch ihm kam schnell eine Idee. Er griff nach der Leiter, die an das Baumhaus gelehnt war, und zog sie langsam und mit aller Kraft auf die Plattform. Danach hielt er inne und spitzte die Ohren. Unter dem Baumhaus war es auf einmal ganz still. Nicht ein leises Rascheln war mehr zu hören. Lasse musste das Tier gerade ziemlich erschreckt haben. Ob es noch da war?

Gespannt wartete er auf ein neues Geräusch und wagte

nicht, sich zu bewegen. Doch das Einzige, was Lasse in den nächsten Minuten hörte, war sein eigener Herzschlag und der leise Ruf eines weit entfernten Uhus. Dann knackte es wieder und das Tier setzte sich in Bewegung. Beruhigt und so leise, wie er konnte, robbte Lasse mit seinem Schlafsack zurück auf die Matratze und legte sich hin. Unter ihm raschelte es weiter.

Ob Hannes aus dem Geräusch das Tier erkennen könnte? Ganz bestimmt! Der hätte einfach die Augen geschlossen und mit einem Schmunzeln dem Knacken und Trampeln gelauscht. Sollte Lasse es auch ausprobieren?

Er schloss die Augen. Doch nach Schmunzeln war ihm nicht zumute. Stattdessen stellte er sich mit aller Kraft vor, der unbekannte Gast würde hier beim Baumhaus auf ihn aufpassen und vor allem Bösen beschützen. Vor bösen Menschen und vor bösen Gedanken.

Es schien zu wirken. Schon nach ein paar Minuten fühlte Lasse sich nur noch halb so einsam. Und als sich der Unbekannte schließlich wieder davon machte, konnte er sogar alle schrecklichen Bilder aus seinem Kopf vertreiben. Ganz so, als hätte der Gast sie einfach mit sich genommen, sodass Lasse endlich einschlafen konnte.

Lasse wachte auf, als die Sonne schon längst aufgegangen war. Er kroch aus dem Schlafsack, nahm die Leiter und ließ sie die Plattform runtergleiten. Dann griff er nach seiner Angel und kletterte die Sprossen hinunter.

Auf dem Steg setzte er sich mit geschlossenen Augen in den Schneidersitz und genoss die Sonnenstrahlen im Gesicht. Das Bild von seiner Mutter mit dem Koffer in der Hand sah er noch genau so klar vor sich wie gestern. Doch irgendwie wirkte es heute Morgen viel weniger schrecklich.
Nach einem kurzen Sonnenbad stand Lasse auf, nahm seine Angel und bereitete sie zum Auswurf vor. Heute wollte er mal wieder auf kleinere Fische angeln. Auf Hechtjagd zu gehen, war ihm nämlich gerade nicht zumute. Außerdem konnte er sich immer noch nicht so richtig vorstellen, dass in dem See nur ein einziger Hecht und sonst kein anderer Fisch war.
Lasse überprüfte noch einmal Schnur und Köder und katapultierte den Haken weit auf den See hinaus. Mit der ausgeworfenen Angel im Rutenhalter setzte er sich schließlich im Schneidersitz auf den Steg und genoss die Stille.
Das war das Schöne am Angeln: Die Zeit, in der die Angel ausgeworfen war, war immer so herrlich ruhig. Aber man war auch immer aufmerksam und aufgeregt, ob die bunte Pose irgendwann in Bewegung versetzt würde. Auch jetzt ließ Lasse den leuchtend roten Punkt nicht aus den Augen. Er wartete. Und wartete.
Bald fing sein Magen laut an zu knurren und er holte ein trockenes Brötchen aus seinem Rucksack. Langsam daran knabbernd, beobachtete er weiterhin See und Pose. Doch regen wollte sich nach wie vor nichts. Noch nie wurde Lasse von einem See so sehr gefordert wie von

diesem. Aber er würde nicht aufgeben! Genau das war ja die Herausforderung beim Angeln. Es konnte ja nicht jedes Mal ein Fisch an der Schnur ziehen, sobald man die Angel ausgeworfen hatte. Dann wäre dieses Hobby auch nicht so spannend. Die Aufgabe war jetzt herauszufinden, was sich genau unter Wasser abspielte. Jeden möglichen Fisch, der hier schwimmen konnte, musste man kennen. Genauso musste man über die Lebensräume, die Nahrung und die Jagdmuster genau Bescheid wissen, wenn man beim Angeln Erfolg haben wollte. Vielleicht war das Lasses Gelegenheit, noch viel mehr über Fische zu lernen, als er sowieso schon wusste.
Doch jetzt musste er nach Hause. Es war Zeit, sich zu waschen und neuen Proviant zu holen. Er holte die Angel ein und machte sich auf den Weg.

Es war schon Mittag, als Lasse wieder beim Baumhaus ankam. Missi war inzwischen auch schon eingetrudelt und grinste ihm vom Steg aus zu. Er stellte Rucksack und Proviant auf der Plattform ab und setzte sich zur ihr ans Wasser.
„Hallo", murmelte er.
„Na du." Missi musterte ihn aufmerksam und zog die Augenbrauen kraus. „Geht es dir gut?"
Lasse seufzte und zuckte mit den Schultern. Sah man ihm eigentlich immer an, wenn er in Gedanken war?
Doch dann erzählte er. Er berichtete vom Streit seiner Eltern,

von dem plötzlichem Abschied seiner Mutter und von seiner Flucht ins Baumhaus. Es fühlte sich gut an, all das loszuwerden. Missi hörte ihm aufmerksam zu.
„Und als ich eben zu Hause war, war Mama immer noch nicht zurück“, beendete Lasse schließlich seinen Bericht und seufzte wieder.
Missi schaute nachdenklich aufs Wasser. „Hat sie denn gesagt, wann sie genau wiederkommt?“
Lasse schüttelte den Kopf. „Nicht wirklich.“
„Schade.“ Jetzt war es Missi, die seufzte. „Ich mag es auch nicht, wenn meine Eltern sich streiten“, gestand sie. „Aber meistens vertragen sich Eltern doch wieder, oder?“
Lasse schwieg. Er wusste nicht, was er antworten sollte. Das was bei ihm zu Hause passiert war, war kein gewöhnlicher Streit gewesen. Da war er sich sicher. Oder war es normal bei Müttern, einfach abzuhauen?
„Du hast im Baumhaus geschlafen?“ Missi riss ihn aus den Gedanken. „Wie aufregend! Das will ich auch mal machen.“
Lasse war froh, dass sie das Thema wechselte. Er hatte lang genug an seine Eltern gedacht.
„Es war auch echt aufregend“, nickte Lasse und schaffte es sogar zu schmunzeln. Dann erzählte er von seinem nächtlichen Besuch unter der Plattform. „Aber wenn du dabei bist, ist es bestimmt nicht mehr ganz so gruselig“, beendete er seine Geschichte.
Missi kicherte und machte große Augen, als würde ihnen ein riesiges Abenteuer bevorstehen.

„Am liebsten würde ich die ganzen Ferien über hier schlafen", gestand Lasse.
„Mach doch!", ermunterte ihn Missi mit einem breiten Grinsen. „Ich bin dabei."
„Ab heute Nacht?" In Lasse stieg Vorfreude hoch.
„Wenn du möchtest", antwortete Missi. „Ich muss nur meine Schlafsachen holen und meine Eltern fragen."
Lasse dachte an sein Zimmer. Er hatte die Kissen unter der Bettdecke nicht wieder herausgeholt und die Gardinen waren immer noch zugezogen. Doch lange würde er seinen Vater damit nicht hinhalten können. Wenn dem auffallen sollte, dass Lasse nachts nicht in seinem Bett schlief, konnte es großen Ärger geben. Aber um Erlaubnis fragen wollte Lasse auch nicht. Eigentlich wollte er seinen Vater gerade überhaupt nicht ansprechen.
„Vielleicht sollte ich meinem Vater einen Zettel schreiben", überlegte er laut.
„Gute Idee." Missi nickte eifrig. „Hauptsache, er weiß, wo du bist."
Lasse schwieg. Eigentlich wollte er überhaupt nicht an seine Eltern denken. Konnte Missi nicht wieder das Thema wechseln? Es gab doch genügend andere Dinge, über die sie reden konnten.
Doch Missi sah das scheinbar anders. Sie rutschte näher zu Lasse und legte ihm eine Hand auf die Schulter. „Deine Mutter kommt bestimmt bald wieder", versuchte sie ihn aufzumuntern. „Sie vermisst dich bestimmt jetzt schon."

„Hm...“, murmelte Lasse nur und starrte schweigend aufs Wasser.
Er mochte es, Missis Hand auf der Schulter zu haben. Wäre doch nur nicht alles so kompliziert. Dann würde er sich jetzt bestimmt pudelwohl fühlen.
„Weißt du, was wir jetzt machen?“ Missi sprang auf und riss Lasse jetzt doch aus seinen unschönen Gedanken. „Wir baden im See!“
Sie zog sich ihre Latzhose, ihre Sandalen und ihr geblümtes T-Shirt aus. Dann stellte sie sich an den Stegrand und grinste Lasse, nur noch in Unterwäsche bekleidet, an.
„Ich weiß nicht“, erwiderte er. „Ich warte lieber noch ein bisschen.“
„Das ist die beste Medizin, um auf bessere Gedanken zu kommen.“ Missi grinste immer noch. „Glaub mir!“ Dann sprang sie mit einem lauten *Platsch* in den See.
Vielleicht hatte sie recht. Zögernd zog Lasse sich auch bis auf die Unterhose aus. Dann setzte er sich an die Stegkante und tauchte einen Fuß ins Wasser. Es war angenehm warm an der Oberfläche. Doch je tiefer er den Fuß in den See tauchte, desto kühler wurde es.
„Komm schon!“, rief Missi und strampelte eine Fontäne Wasser in seine Richtung. Danach tauchte sie lachend unter.
„Hey!“ Lasse hielt seine Arme schützend vors Gesicht.
Dann nahm er all seinen Mut zusammen und ließ sich ins Wasser gleiten. Als Missi auftauchte, schaute sie ihn verschmitzt an.

„Wer zuerst so weit geschwommen ist, dass er Hannes' Hütte sehen kann!", rief sie.
Doch Lasse lehnte ab. Lieber wollte er einfach so vor sich hinschwimmen. Er legte sich auf den Rücken und paddelte langsam mit den Füßen vorwärts. Neben Missi, die es ihm schließlich nachmachte, trieb er mit dem Kopf voran auf den See hinaus.
„Ich fühle mich wie ein Floß", gluckste Missi und richtete sich wieder auf.
„Ist doch schön", sagte Lasse und musste schmunzeln. „Ich wollte schon immer mal ein Floß sein."
„Ach, wirklich?" Missi kam grinsend auf ihn zu geschwommen. „Dann bin ich der Wind." Sie nahm seine Füße und schob ihn langsam vorwärts.
Lasse schloss die Augen. Er mochte es, so über die Wasseroberfläche zu segeln. Und Missi schien auch ihren Spaß zu haben. Sie schob ihn gemütlich vor sich hin und drehte zum Schluss noch ein paar Ehrenrunden im Kreis. Dann ließ sie Lasse los und schwamm ein paar Mal um ihn herum.
„Wer zuerst zurück beim Steg ist!" rief sie.
„Du gibst wohl nie auf." Lasse kicherte und verdrehte die Augen.
„Wieso sollte ich?" Missi streckte ihre Zunge raus. „Auf die Plätze ..." Sie zog die Augenbrauen hoch. „Fertig ... Los!"
Dann schwamm sie einfach davon.
Lasse seufzte. „Na gut."

Dann setzte er sich in Bewegung und jagte kurz darauf hinter Missi her. Und obwohl er das Wettschwimmen verlor, wurde seine Laune schon viel besser.

Sie mussten eine halbe Ewigkeit im Wasser verbracht haben. Lasse war schon lange nicht mehr so außer Puste gewesen. Und als sie wieder am Steg ankamen, hatte er sogar schon ganz schrumpelige Hände und Füße.

„Deine Lippen sind ganz blau", sagte Missi und zog sich auf den Steg. Danach legte sie sich mit dem Rücken auf die alten Holzbretter.

Lasse gesellte sich zu ihr. „Deine auch."

„Das ist Lippenstift." Sie reckte ihren Hals wie eine feine Dame.

Lasse lachte. „Ich habe noch nie blauen Lippenstift gesehen."

„Warte es nur ab, das kommt bald in Mode", sagte Missi ernst, das Kinn immer noch gereckt.

„Du brauchst gar nicht so tun, als wärst du eine feine Dame." Lasse stieß ihr sanft in die Rippen. „Du siehst eher aus wie ein pickliges, halb totes Seeungeheuer."

„Das musst du gerade sagen", sagte Missi und streckte ihm die Zunge raus. „Du hast viel mehr Gänsehaut als ich."

Dann schloss sie grinsend die Augen und zeigte der Sonne so viel Haut wie möglich. Lasse machte auch seine Augen zu. Und obwohl der Steg alles andere als gemütlich war, schlief er nach kurzer Zeit ein.

Richtige Freunde

Lasse richtete sich auf und sah sich um. Missi lag, alle viere von sich gestreckt, auf dem Rücken und hatte die Augen geschlossen. Wahrscheinlich war auch sie eingeschlafen. Unglaublich, dass das Baden sie beide so müde gemacht hatte. Lasse beugte sich über den Stegrand und schöpfte sich eine Handvoll Wasser ins Gesicht. Doch so richtig wach fühlte er sich immer noch nicht.

„Wie spät ist es?“ Missi öffnete verschlafen die Augen und setzte sich auf.

„Weiß ich nicht“, antworte Lasse und schaute zur Sonne. „Aber ich schätze, dass es ungefähr vier Uhr ist.“

Missi stand langsam auf.

„Willst du auch etwas trinken?“ Sie holte eine Flasche Wasser aus ihrem Rucksack und trank sie in einem Zug halb leer.

„Oh ja!“ Lasse nahm die Flasche entgegen, nahm ein paar große Schlucke und trank sie schließlich ganz aus.

„Ich muss jetzt zum Essen“, verkündete Missi. „Aber ich komme danach mit meinen Schlafsachen wieder“, versicherte sie und nahm die leere Wasserflasche wieder entgegen.

„Meine sind noch hier, aber ich muss auch noch einmal zurück“, erwiderte Lasse. „Ich muss ja noch den Zettel für meinen Vater schreiben.“ Er verdrehte die Augen.

„Alles klar, dann bis gleich“, sagte Missi, klopfte ihm auf die Schulter und machte sich davon.

„Bis gleich“, antwortete Lasse, setzte sich aber wieder zurück auf den Steg. Für den kurzen Weg nach Hause und wieder zurück hatte er auch später noch Zeit.

„Hey, du Schlafmütze.“ Das musste Missis Stimme sein. Verwirrt rappelte Lasse sich auf. Seine Knochen fühlten sich an wie Gummi. War er etwa schon wieder eingeschlafen? Missi ließ ihr Gepäck auf den Waldboden plumpsen. Neben ihr lagen ein Schlafsack, ein prall gefüllter Rucksack und ein riesiges Kopfkissen. „Warst du überhaupt schon zu Hause?“

„Nein.“ Lasse winkte ab. Dafür war später immer noch Zeit.

„Meine Eltern möchten nicht, dass ich ins Baumhaus ziehe.“ Missi setzte sich grinsend neben ihm auf den Steg. „Aber heute Nacht darf ich auf jeden Fall hierbleiben.“

„Na, immerhin.“ Lasse grinste verschmitzt zurück, als er auf einmal seinen Magen laut knurren hörte. „Du hast gerade erst gegessen, oder?“, fragte er. „Ich klettere mal hoch zu meinem Käsebrot.“

„Mach das“, antwortete Missi und griff wieder nach ihren Sachen. „Und ich richte schon mal unseren Schlafplatz her.“ Sie folgte Lasse die Leiter hoch zum Baumhaus, wo er sofort nach seinem Proviantbeutel griff. Hungrig biss er in sein mitgebrachtes Käsebrot. Missi breitete ihren Schlafsack neben dem von Lassc aus und warf ihr Kissen an das Kopfende. Dann betrachtete sie zufrieden das Nachtlager.

„Zum Glück sind wir noch nicht so groß“, sagte sie. „Sonst würden wir gar nicht zu zweit auf die Matratze passen.“

„Es sieht kuschelig aus“, sagte Lasse und schob sich das letzte Stück Käsebrot in den Mund. „Eigentlich könnten wir es uns auf dem Steg auch noch gemütlich machen, oder?“
„Das kriegen wir hin.“ Missi nahm ihren Rucksack und stieg auf die Leiter. „Ich habe noch eine Decke dabei.“
Kurz darauf hatte sie auf dem Steg eine blaue Strickdecke ausgebreitet und ließ sich darauf plumpsen. Lasse setzte sich neben sie und schaute auf das Wasser. Die Abendsonne spiegelte sich auf der Oberfläche.
„Schön haben wir es hier, oder?“, schwärmte Missi.
„Ja“, hauchte Lasse.
Dann schwieg er. Es war zu schön, den verschiedenen Waldgeräuschen zu lauschen. Jetzt am Abend hörte man sogar die Frösche laut durcheinander quaken. Es klang fast so, als würde jeder ein eigenes Lied singen. Und trotzdem wirkte es wie ein einziges Konzert. Was musste Hannes für ein Glückspilz sein, der die Frösche jeden Abend vor seiner Haustür hörte. Ob es wohl irgendwann langweilig werden konnte?
„Ich werde ein bisschen lesen“, verkündete Missi, kramte ein Buch aus ihrem Rucksack und schlug es auf.
„Mach das“, sagte Lasse.
Er hatte auch eine gute Idee, was er machen konnte. Er stand auf und suchte am Ufer nach flachen Steinen. Als er genug beisammenhatte, lud er sie neben Missi auf den Steg und setzte sich dazu. Danach ließ er einen Stein nach dem anderen über den See hüpfen. Nach jedem Wurf

beobachtete er, wie die Kreise auf der Oberfläche immer größer wurden, bis er sie nicht mehr sehen konnte. Nur ab und zu sah er zu Missi, die gebannt in ihr Buch starrte. Wieder war da dieses schöne Schweigen.

„Ach, da seid ihr!“, rief auf einmal eine bekannte Stimme. Lasse schaute sich überrascht um und sah, wie Missis Vater vom Baumhaus aus auf sie zu gestapft kam.

„Papa! Was machst du denn hier?“, strahlte Missi und setzte sich auf.

Peter trat auf den Steg und setzte sich zu ihnen auf die Strickdecke. „Hallo, ihr zwei.“

„Guten Abend“, murmelte Lasse und setzte sich wie Missi ihm gegenüber. Er war sich nicht sicher, ob er sich über den Besuch freute. Eigentlich war die Stille gerade sehr schön gewesen.

„Ich habe euch etwas mitgebracht“, sagte Peter verheißungsvoll und holte aus einem Stoffbeutel eine Thermoskanne und zwei Becher hervor.

„Was ist da drin?“, fragte Missi neugierig.

„Warmer Kakao.“ Ihr Vater wedelte mit der Kanne. „Möchtet ihr?“

„Auf jeden Fall“, rief Missi, und Lasse nickte. Peter lächelte und goss beide Becher randvoll. Den letzten Schluck, der danach noch in der Kanne war, schüttete er sich selbst in den Mund. Missi nahm sich einen Becher und reichte Lasse den anderen.

„Lecker“, sagte sie schwärmerisch, und Lasse stimmte leise murmelnd zu.

Warum war er eigentlich immer noch so schüchtern, wenn Missis Familie dabei war? Eigentlich mochte er sie doch alle. Und wieso bekam er seinen Mund jetzt nicht richtig auf? Hoffentlich merkte Missis Vater trotzdem, dass es ihm genauso gut schmeckte wie ihr.

„Ihr habt es aber schön hier.“ Peter sah sich ausgiebig um. „Soll ich euch noch eure Schlafsäcke von oben holen? Es wird langsam kühl.“

„Au ja!“, rief Missi. „Das wird noch kuscheliger.“

Peter verschwand im Baumhaus und kam kurz darauf mit den Schlafsäcken zurück. Darin eingemummelt nippten Missi und Lasse weiter an ihren Bechern. Missis Vater setzte sich im Schneidersitz dazu und schaute verträumt in den bunten Himmel.

„Schaut, gleich geht die Sonne unter“, sagte er irgendwann in die Stille und zeigte auf den Horizont zwischen den Bäumen. „Drei, zwei, eins. Jetzt ist sie weg.“

„Tschüss, Sonne“, sagte Missi und winkte dem Feuerball hinterher. Sie hatte es sich mittlerweile in dem Schoß von ihrem Vater gemütlich gemacht.

„Und ich werde mich jetzt auch auf den Weg machen“, verkündete er, ließ Missi vorsichtig auf den Steg rutschen und stand auf. „Ihr habt doch schon ausgetrunken, oder?“

Missi und Lasse nickten und reichten ihm die leeren Becher.

„Schön.“ Er nahm die Becher entgegen. „Dann mal eine gute

Nacht, ihr zwei."
Er gab Missi einen Kuss. „Bis morgen."
„Gute Nacht, Papa!", sagte sie.
Lasse, der verschämt in die entgegengesetzte Richtung sah, spürte plötzlich eine Hand auf seiner Schulter.
„Schlaf gut, Lasse."
„Nacht", murmelte er und traute sich doch wieder, den Gast anzusehen.
Peter nickte ihnen noch einmal zu und ging vom Steg.
Die Becher in seiner Hand klirrten aneinander. Dann verschwand er hinter den Bäumen. Jetzt hatte Lasse Missi endlich wieder ganz für sich.
Er beobachtete, wie sie zum zweiten Mal ihr Buch aufschlug und sich auf die Seiten konzentrierte. Danach schaute er wieder aufs Wasser und genoss einfach nur das gemeinsame Schweigen. Wie schön war es doch, dass er so eine tolle Freundin gefunden hatte.
„Sind wir eigentlich richtige Freunde?", fragte er.
Auf einmal fing sein Herz an, wild zu schlagen. Ganz so, als würde es seine Speiseröhre hinaufkriechen wollen.
Eigentlich war ihm die Frage einfach nur herausgerutscht.
Aber jetzt kam es ihm so vor, als hätte er sie schon ewig mit sich herumgetragen.
„Klar", antwortete Missi sofort und sah von ihrem Buch auf.
„Warum fragst du?"
„Nur so", sagte Lasse, ohne ihren Blick zu erwidern.
Er musste sich bemühen, gelassen zu klingen. Warum war

er nur so aufgeregt? Hatte er wirklich gedacht, Missi würde Nein sagen?
Sie sah wieder in ihr Buch und Lasse tat, als wäre nichts interessanter als die bunte Dämmerung. Das starke Klopfen in seiner Brust ließ schon bald nach. Stattdessen fühlte es sich nun so an, als würde sein Herz ein warmes Bad nehmen. Wie schön war es, dass Missi seine Freundin war. Hoffentlich würde das immer so bleiben.
„Langsam wird es zu dunkel zum Lesen." Missi schlug ihr Buch zu, legte ihren Kopf auf das Titelbild und machte die Augen zu.
„Stimmt, vielleicht sollten wir uns langsam bettfertig machen", sagte Lasse. „Ich gehe am besten schon mal Zähne putzen."
Er stand auf und ging zum Baumhaus, um seine Zahnbürste zu holen. Als er wiederkam, legte er sich bäuchlings auf den Steg und tauchte die Borsten ins Wasser. Missi hob den Kopf von ihrem Buch und beobachtete ihn.
„Ich hole auch meine Zahnbürste", sagte sie und verschwand. Kurz darauf legte sie sich wieder neben Lasse auf den Steg. Sie grinste ihn breit an, tauchte die Borsten unter Wasser und dann schob auch sie sich die Zahnbürste in den Mund. Schweigend putzten sie nebeneinander die Zähne.
„Fertig", sagte Lasse nach ein paar Minuten. Dann spülte er die Borsten aus und legte seine Zahnbürste auf den Steg. Missi legte ihre daneben. „Ich auch." Dann robbte sie weiter vor und ließ ihren Oberkörper etwas über den

Stegrand baumeln. „Jetzt muss ich nur noch meinen Mund ausspülen." Sie schöpfte sich eine Handvoll Wasser in den Mund.

„Du bist echt verrückt", kicherte Lasse.

Missi spuckte das Wasser wieder aus.

„Nicht verrückter als du", erwiderte sie.

Lasse grinste, legte sich zu ihr und schöpfte sich auch etwas Wasser in den Mund.

„Ich habe vergessen zu gurgeln", sagte Missi und nahm sich eine neue Ladung Wasser.

Lasse spuckte kichernd sein Wasser aus. Missi fing jetzt tatsächlich an, mit dem Seewasser zu gurgeln. Zuerst mit tiefen Tönen, dann mit höheren und bald trällerte sie schrill vor sich hin.

„Hey." Grinsend stupste Lasse sie an der Schulter. „Die Tiere wollen schlafen."

Missi kicherte durch die Nase. Doch sie hörte nicht auf zu gurgeln. Lasse stieß sie nochmal etwas stärker an.

Wusch!

Missi spuckte ihm die ganze Ladung Wasser ins Gesicht.

„Iiiih!" Lasse wischte sich mit seinem T-Shirt über die Augen.

„Selbst schuld", rief Missi und streckte ihm die Zunge raus.

„Wollen wir uns ins Baumhaus legen?", fragte sie. „Es wird langsam wirklich kühl, oder? Und dunkel."

„Warum nicht?" Lasse wischte sich noch einmal über das Gesicht. Dann nahm er die Schlafsäcke und die Zahnbürsten und folgte Missi ins Baumhaus. Den Zettel für

seinen Vater hatte er komplett vergessen.
Missi schaltete ihre Taschenlampe ein und kroch als Erste in ihren Schlafsack. „Darauf warte ich schon den ganzen Tag!“, rief sie und grinste bis über beide Ohren.
Auch Lasse war glücklich, als er kurz darauf in seinem Schafsack lag. Es gab nichts, was er gegen diesen Moment eintauschen wollte.
„Jetzt fehlt nur noch eine Gute-Nacht-Geschichte“, stellte Missi fest.
„Ich kenne keine“, sagte Lasse.
Früher hatte seine Mutter ihm noch oft Geschichten am Bett erzählt. Manchmal sogar auch sein Vater. Aber das war schon zu lange her. An die Geschichten konnte er sich nicht mehr erinnern.
„Schade“, erwiderte Missi. „Ich will aber noch gar nicht schlafen.“
„Ich auch nicht“, sagte Lasse.
Also erzählte er einfach von seinem Besuch bei Hannes. Er berichtete von dem Abendbrot auf der Veranda und von dem, was der Förster ihm noch über die ganzen Waldtiere beigebracht hatte.
„Es ist toll, wie viel Hannes weiß, oder?“, sagte Missi.
„Das finde ich auch.“ Lasse konnte etwas Ehrfurcht in seiner Stimme hören. „Wenn ich groß bin, will ich genauso werden wie er.“
Und das meinte er wirklich so. Eigentlich hatte er immer gedacht, so werden zu müssen wie sein Vater. Ein richtiger

Gewinner eben. Aber jetzt, wo Lasse den Förster kennengelernt hatte, hatte er andere Pläne. Der Wald war für ihn jetzt schon sein Zuhause. Genauso wie für Hannes.
„Das klingt nach einem guten Plan", sagte Missi und gähnte laut.
Lasse wurde auch langsam müde.
„Sind deine Füße auch kalt?", fragte Missi.
„Ja."
„Ich versuche gerade, meine an dem Pinguin zu wärmen. Aber der ist leider auch kalt." Missi machte eine kurze Bewegung und zog ihr Kuscheltier aus dem Schlafsack. „Eine Wärmflasche wäre besser."
„Der Pinguin hat bestimmt selber kalte Füße." Lasse zupfte an den orangenen Stoffbeinen herum. „Der kommt bestimmt aus der Antarktis. In meinem Buch ist ein Bild, wo sie auf einer Eisscholle stehen."
„Warum können die denn einfach so auf einer Eisscholle stehen, wenn unsere Füße hier schon im Sommer einfrieren?", fragte Missi mit gespielter Entrüstung.
„Aber wirklich!" Lasse versuchte, ihre empörte Stimme nachzuahmen. „Und die jammern auch nicht, dass sie gerne eine Wärmflasche hätten."
„Das sagst du. Aber du kannst doch gar nicht die Sprache", sagte Missi mit gespielt altklugem Ton. „Oder kannst du Pinguianisch?" Sie gackerte auf.
„Natürlich. Du nicht?" Lasse lachte.
„Doch, klar", murmelte Missi und gähnte wieder.

„Wenn ich groß bin, fahre ich mal zur Antarktis und bringe den Pinguinen Wärmflaschen für ihre Füße“, sagte Lasse. Das Reden fiel ihm immer schwerer. Er war hundemüde.

„Ich komme mit“, sagte Missi schläfrig, schaltete ihre Taschenlampe aus und legte sie neben ihr Kopfkissen.

Kurz darauf hörte Lasse ein gleichmäßiges, ruhiges Atmen. Jetzt bemühte er sich nicht mehr wachzubleiben und fiel sofort in einen tiefen Schlaf.

Fliegen und baden

Lasse wurde wach, als Missi aus dem Schlafsack kroch und über die Plattform tapste. Langsam öffnete er die Augen. Die Sonne blinzelte durch die Blätter direkt in sein Gesicht.
Er drehte seinen Kopf zur Seite und sah, wie Missi sich auf die Plattform setzte und ihre Beine an der Seite runterbaumeln ließ. Mit dem Kopf an das Geländer gelehnt, spielte sie verträumt mit der Schaukel, die sie dort vor ein paar Tagen befestigt hatte. Lasse wurde immer noch übel, wenn er sich ausmalte, mit dem Seil durch die Luft zu rasen. Und wenn er dann auch noch falsch landen würde... Dann wäre die nächste Station bestimmt das Krankenhaus. Allein jetzt, bei der bloßen Vorstellung, fingen seine Hände an zu schwitzen. Hoffentlich würden sie die Schaukel nie ausprobieren.
Doch als hätte Missi seine Gedanken gehört, zog sie jetzt ein paar Mal kräftig an dem Seil. Dabei betrachtete sie konzentriert den Knoten, mit dem sie es oben am Ast der Eiche befestigt hatte. Er hielt. Dann stand sie auf, nahm das freie Seilende und machte auch hier einen großen, kugelförmigen Knoten hinein.
„Sieh mal, ich habe uns einen Knoten zum Sitzen gemacht."
Sie drehte sich zu Lasse um.
Schnell schloss er wieder seine Augen. Missi sollte ruhig glauben, er würde noch schlafen. Als er die Augen wieder öffnete, saß Missi nur noch mit Unterhose bekleidet auf dem

Geländer. Mit der einen Hand umfasste sie das Seil und mit der anderen hielt sie sich an der Brüstung fest.
Mit einem Satz war Lasse auf den Beinen. „Was hast du vor?“, fragte er.
„Guten Morgen“, sagte Missi fröhlich. „Baden, was sonst?“
„Pass bloß auf!“, sagte Lasse.
„Hatte ich vor“, antwortete sie und biss sich konzentriert auf die Lippe.
„Du musst genau im richtigen Moment loslassen.“ Lasse sah von Missi über den Waldboden zum See. „Sonst landest du nicht im Wasser, sondern auf der Erde.“
„Ich weiß.“
„Halt dich gut fest!“ Lasse hatte Mühe, das Zittern in seiner Stimme zu verstecken.
„Gut, dass du mich daran erinnerst. Danke.“ Missi grinste ihm knapp zu und konzentrierte sich wieder auf die Schaukel.
Sie wirkte entschlossen. Es dauerte noch einen Moment, dann griff sie auch mit der zweiten Hand das Seil. Kurz darauf lupfte sie den Po vom Geländer und ließ sich fallen. Lasse rutschte fast das Herz in die Hose. Schnell umklammerte Missi mit ihren Beinen das Seil, sodass sie auf dem Knoten saß.
„Juhu!“, rief sie, als sie durch die Luft raste.
Das Seil schwang runter, knapp über den Waldboden, und wieder hoch über den See. Lasse schlug sich die Hände vor das Gesicht und schloss die Augen.

Platsch!

Missi war im Wasser gelandet. Und sie hatte auch nicht vor Schmerzen geschrien. Erleichtert atmete Lasse auf.

Als er die Augen wieder öffnete, schwamm Missi gerade mit einem Grinsen auf dem Gesicht zurück zum Steg.

„Das war toll!", rief sie und kletterte aus dem Wasser.

Schnell setzte sich Lasse wieder auf die Matratze, öffnete seinen Köderkasten und schaute konzentriert hinein. Nicht, dass er die Schaukel jetzt auch ausprobieren musste!

„Nimmst du mir mal bitte den Korb ab?", rief Missi von unten.

Lasse sah auf. Vor seiner Nase baumelte ein kleiner Korb, den Missi mit dem Flaschenzug hochgezogen hatte.

„Klar, warte", sagte er, stand auf und griff nach dem Seil.

Missi kletterte die Leiter hoch. „Mama hat uns Frühstück an die Leiter gehängt."

„Nett von ihr." Lasse entknotete den geflochtenen Griff und machte große Augen.

In dem Korb lagen zwei belegte Brötchen mit Käse, Wurst und einem Salatblatt. Zwischen den Brötchen lag ein Zettel mit der Aufschrift:

„Ich wollte euch nicht wecken,
Gruß Mama"

Lasse war froh, dass das Frühstück für Missi jetzt wichtiger war als die Schaukel. „Wollen wir unten auf dem Steg frühstücken?", fragte er.

„Gute Idee!“, jauchzte Missi und sprang auf die Leiter.
Auf dem Steg angekommen, setzte sie sich auf die blaue Strickdecke und packte das Frühstück aus. Lasse gesellte sich zu ihr.
„Mama weiß, dass ich ihre belegten Brötchen liebe“, sagte Missi und biss gierig in eines hinein.
„Echt lecker!“ Lasses Mund war fast zu voll, um zu sprechen. Schon bald hatte er das Brötchen ganz aufgegessen. Aber Missi aß auch sehr schnell.
„Keine Wolke am Himmel“, schwärmte sie, als sie den letzten Bissen hinuntergeschlungen hatte.
„Stimmt“, sagte Lasse. „Wie geschaffen zum Angeln.“
Er stand auf, um seinen Angelrucksack zu holen. Danach sah Missi ihm dabei zu, wie er sich einen Köder aussuchte und ihn an der Angel befestigte.
„Wir können dieses Mal versuchen, vom Steg aus auf Hecht zu angeln“, schlug Lasse vor. „Willst du auch?“
„Ich seh‘ dir lieber erst mal zu.“
Missi legte sich bäuchlings auf den Steg und beobachtete, wie er die Angel auswarf. Immer wieder schleuderte Lasse den Köder durch die Luft und ließ ihn danach durch das Wasser zu sich zappeln. Doch wieder einmal zog weder ein Hecht noch ein anderer Fisch an der Angel. Nach zwei Stunden ließ Lasse den Köder im Wasser und legte die Angel enttäuscht auf den Steg. Was war mit diesem See nur los?
Missi war schon lange die Lust vergangen und spielte am Ufer mit Steinen.

„Ich würde gerne baden“, sagte sie. „Es ist schon viel zu warm.“
„Dann müsste ich meine Angel einholen“, erwiderte Lasse, „sonst beißt bestimmt kein Fisch mehr an.“
„Das tun sie doch sowieso nicht“, erwiderte Missi und streckte ihm die Zunge heraus.
„Stimmt auch wieder.“
Lasse holte die Angel ein und verstaute sie mit der übrigen Ausrüstung im Baumhaus. Ihm war jetzt auch nach einer Erfrischung. Schnell kletterte er die Leiter wieder runter, zog sich bis auf die Unterhose aus und lief zum See. Missi, die gar nicht hatte abwarten können, bis Lasse seine Sachen zusammengepackt hatte, war schon lange im Wasser. Schon zum zweiten Mal war sie mit der Schaukel in den See gesprungen und rannte jetzt für eine dritte Runde auf das Baumhaus zu.
„Möchtest du nicht auch mal?“, fragte sie, griff nach dem Seil und hielt es Lasse entgegen.
Wie auf Knopfdruck drehte sich ihm auf einmal der Magen um. Nein, natürlich wollte er nicht. Doch das zu sagen, traute er sich nicht. Er wollte kein Weichei sein.
„Ok“, murmelte er und nahm zögernd das Seil entgegen.
„Komm, ich zeig‘s dir!“, rief Missi.
Sie stieg auf die Leiter und kletterte nach oben. Lasse folgte ihr im Schneckentempo. Oben angekommen, stieg er zitternd auf das Geländer. Zuerst wie auf einem Pferd, mit dem einen Bein über der Plattform und mit dem anderen

über dem Waldboden. Als Missi ihn dann am Rücken festhielt, traute er sich auch, das zweite Bein auf die andere Seite zu heben.

„Es ist ganz einfach", erklärte sie. „Du musste das Seil und den Knoten einfach direkt vor deine Beine halten."

Lasse schluckte den Kloß in seinem Hals herunter.

„Und dann lässt du dich einfach fallen und klammerst deine Beine um das Seil", erklärte Missi weiter. „Es kann dir nichts passieren."

„Na, wenn du das sagst."

Lasse hielt sich krampfhaft mit einer Hand am Geländer und mit der anderen am Seil fest. Seine Hände schwitzten wie verrückt. Hoffentlich rutschte er damit nicht ab. Doch einen Rückzieher wollte er nicht machen.

Er brauchte noch ein paar Sekunden, um sich zu sammeln, dann griff er auch mit der zweiten Hand nach dem Seil. Und als er es für einen kurzen Moment schaffte, seinen Kopf auszuschalten, ließ er sich fallen.

Die nächsten Sekunden vergingen wie in Zeitlupe. Kaum saß Lasse auf dem Knoten, war seine Angst wie weggeblasen. Er spürte einfach nur dieses starke Kribbeln im Bauch, als er durch die Luft flog. Er raste über den Boden und schwang über das Wasser. Den richtigen Moment zum Loslassen zu finden, war nicht schwer. Er löste einfach seinen Griff, als das Seil gerade zurückschwingen wollte.

Mit einem lauten *Platsch* und mit fast allen Körperteilen gleichzeitig landete er schließlich im See.

Als er auftauchte und ihm nichts wehtat, atmete er erleichtert auf. Jetzt konnte er wieder klar denken. Und er konnte auch wieder klar hören.

„Haha.“ Das war Missi.

„Was ist los?“ Grinsend kletterte Lasse auf den Steg und schaute zu ihr rauf.

„Du hast so komisch ausgesehen!“ Gackernd hielt sie sich mit einer Hand am Geländer fest. Mit der anderen versuchte sie ihren Bauch zu halten.

„Ach ja?“, gluckste Lasse.

„Ja.“ Missi konnte fast gar nicht sprechen, so sehr musste sie lachen. „Ich würde dich gerne einmal nachmachen. Darf ich?“

„Mach mal!“ Lasse schleuderte ihr das Seil zu.

Sie brauchte noch eine Minute, um sich wieder zu beruhigen. Danach kletterte sie, immer noch kichernd, auf das Geländer und raste kurz darauf durch die Luft. Über dem See streckte sie auf einmal wie ein Stern Arme und Beine von sich und landete mit einem lauten *Platsch* im Wasser.

Als sie wieder auftauchte, lachte sie immer noch. Lasse hatte fast Angst, sie könnte sich verschlucken. Ihr fehlte sogar die Kraft, sich am Steg hochzuziehen.

„Warte, ich helfe dir", sagte Lasse und reichte ihr seine Hand.
„Danke", sagte Missi, immer noch am Kichern, und streckte ihm ihren Arm entgegen.
„Du musst meine Hand schon festhalten", lachte er.
„Mach ich doch."
Endlich schaffte es Missi, sich kichernd und keuchend hochzuziehen und auf den Steg zu setzen. Lasse kniete sich lachend zu ihr. Es dauerte, bis er wieder richtig atmen konnte.
„Ich will es noch mal probieren", sagte er schließlich und sprang auf. „Dieses Mal schaffe ich es besser."
„Und wenn nicht, schaffst du es vielleicht, dass ich mir vor Lachen in die Hose mache", kicherte Missi.
Lasse streckte ihr grinsend die Zunge raus. Dann rannte er zum Baumhaus und kletterte die Leiter hoch.
„Hier!", rief Missi und warf ihm das Seil zu.
Wie zuvor setzte sich Lasse in Startposition auf das Geländer. Doch diesmal war er mutiger. Ohne lange zu zögern, ließ er sich fallen und landete wesentlich eleganter im See als beim ersten Mal. Als er auftauchte, sprang Missi vom Steg aus zu ihm ins Wasser und kam grinsend auf ihn zugeschwommen.
„Das sah ja schon viel besser aus", sagte sie mit gespielt übertriebener Anerkennung.
Lasse schubste ihr eine Handvoll Wasser ins Gesicht, um ihr freches Grinsen auszulöschen. Es funktionierte nicht. Stattdessen schwamm sie kichernd auf den See hinaus.
Lasse aber schwamm wieder zum Steg. „Ich will noch mal!"

Herz über Kopf

Lasse lag, alle viere von sich gestreckt, neben Missi auf dem Steg. Er musste Stunden mit ihr im Wasser verbracht haben. Mittlerweile war bestimmt schon Mittag um. Die Sonne war zu ihrem höchsten Punkt aufgestiegen und hatte ihn innerhalb von Minuten getrocknet. Jetzt lief ihm nur noch der Schweiß runter.

„Puh!", stöhnte er und stand auf. „Ich gehe in den Schatten."

Missi richtete sich auch auf.

„Wollen wir Hannes besuchen?", fragte sie.

„Oh ja!", rief Lasse und griff nach seinen Klamotten.

Kurz darauf machte er sich mit Missi auf den Weg.

„Hoffentlich hat Hannes etwas zu trinken", stöhnte er, als sie sich gerade mal ein paar Meter durch den Wald geschlagen hatten. Ihm wurde immer wärmer.

„Oh ja!" Missi ließ ihre Zunge aus dem Mund hängen und holte einmal tief Luft. „Ich brauche auch eine Erfrischung."

Als sie die Hütte erreichten, stand die Verandatür weit offen. Hannes konnte also nicht weit sein. Die vertraute Kaffeetasse stand auch auf dem Tisch und Lasse konnte schon von Weitem erkennen, dass der Förster sie immer noch nicht abgewaschen hatte.

Innen knarrte der Holzboden und mit seinem Gewehr über der Schulter trat Hannes aus der Tür.

„Hallo, Kinder!", rief er überrascht. „Was treibt euch denn zu mir?" Grinsend winkte er sie zu sich.

„Wir wollten dich einfach mal besuchen", antwortete Missi und ließ sich auf die Bank fallen. „Hast du zufällig etwas zu trinken für uns?"
„Aber selbstverständlich! Ich hole euch kühlen Saft raus."
Hannes ging ins Haus und kam kurz darauf mit zwei Gläsern und einer Flasche Orangensaft, aber ohne Gewehr zurück.
„Gibt es Neuigkeiten?", fragte er.
Dann füllte er die Gläser mit Saft und setzte sich zu ihnen.
„Aber Hallo!", rief Missi und nickte.
„Wir haben im Baumhaus geschlafen", verkündete Lasse.
Und dann erzählten beide aufgeregt von ihrer letzten Nacht. Sie berichteten von ihrem Abend auf dem Steg und ihrem Schlaflager auf der Plattform. Auch die Schaukel, die sie heute Morgen endlich ausprobiert hatten, musste genau beschrieben werden.

„Du hättest Lasses ersten Sprung sehen sollen", lachte Missi und streckte Arme und Beine breit von sich. „Wie ein Stern."
Sie konnte Lasse auf so nette Art auslachen, dass er einfach immer mitlachen musste.
„Ihr seid mir zwei Abenteurer", sagte Hannes belustigt und schüttete Orangensaft nach, als Missi und Lasse ihre Gläser leer getrunken hatten. Es war einfach zu heiß.
„Ach, das war doch noch gar nichts", winkte Missi scherzend ab. „Gestern haben wir beschlossen, dass wir

später zur Antarktis reisen wollen, um den Pinguinen mit Wärmflaschen die Füße zu wärmen. Sonst bekommen die von den kalten Eisschollen noch einen Schnupfen. Das wird ein Abenteuer!“

„So, so! Eine Abenteuerreise zur Antarktis.“ Hannes lachte auf. „Davon will ich euch nicht abhalten. Aber ich glaube, die Pinguine interessieren sich nicht für eure Wärmflaschen. Die braucht ihr dort wahrscheinlich eher selbst.“

„Das stimmt“, sagte Missi mit gespieltem Schmollmund und schaute zu Lasse. „Vielleicht sollten wir unsere Abenteuerreise woandershin machen?“

„Eigentlich fand ich die Schaukel heute schon sehr abenteuerlich“, gestand er mit einem schrägen Lächeln.

„Das wäre sie für mich wahrscheinlich auch“, gluckste Hannes und brachte auch Missi und Lasse zum Lachen.

„Nun mal ein anderes Thema“, sagte er, als wieder Ruhe einkehrte. „Das könnte besonders dich interessieren, Lasse. Ich habe einen sehr großen Hecht im See gesehen. Ich glaube zumindest, dass es einer war. Er war so groß.“ Er breitete die Arme weit aus.

Lasse machte große Augen. Der Abstand zwischen Hannes‘ Händen übertraf all seine Vorstellungen. Lasse hatte einen so langen Hecht noch nicht einmal auf Bildern gesehen.

„Dann gibt es den ja wirklich“, rief er.

Feuer und Flamme erzählte er Hannes von dem Hecht, der Missis Opa früher schon einmal knapp entwischt war. Dem riesigen Hecht, der damals wahrscheinlich alle anderen

Fische aus dem See gefressen hatte.
„Das ist aber schon Jahre her", fügte Lasse hinzu. „Der ist es bestimmt nicht mehr."
„Aber Hechte können sehr alt werden", sagte Hannes. „Wer weiß, vielleicht ist es ja doch derselbe?" Begeistert strahlte er Lasse an. „Stell dir vor, du könntest ihn fangen."
Lasse malte sich aus, wie er einen meterlangen Hecht aus dem See fischte.
„Wir könnten ihn gemeinsam grillen!", rief er begeistert.
Es war schon Ewigkeiten her, dass er einen seiner geangelten Fische gegrillt hatte. Seine Eltern hatten keine Zeit für so etwas.
„Ja, zum Beispiel", antwortete Hannes. „Ich hätte alles dafür in meiner Hütte. Wenn du ihn fängst, machen wir hier eine gemütliche Grillfeier. Dazu könnt ihr natürlich auch eure Eltern einladen."
„Oh ja!", rief Missi.
In Lasses Bauch dagegen krampfte sich etwas zusammen. Würden seine Eltern überhaupt kommen wollen? Und würde er selbst sie überhaupt dabeihaben wollen?
Und auf einmal fuhr es ihm noch stärker in den Magen: der Zettel! Lasse hatte ihn ganz vergessen. Sein Vater wusste immer noch nicht, wo er die letzte Nacht über gewesen war. Das konnte großen Ärger geben.
„Was ist los, mein Junge?", fragte Hannes.
Scheinbar war ihm der Schrecken auf Lasses Gesicht nicht entgangen.

Lasse zuckte mit den Schultern. „Mein Vater weiß nicht, dass ich im Wald geschlafen habe", murmelte er.
„Oh." Hannes wirkte bekümmert. „Möchtest du jetzt erst mal nach Hause gehen?"
„Nein", platzte es aus Lasse heraus, „ich will nicht."
Viel lieber wollte er den restlichen Sommer mit Hannes über Fische und Waldtiere sprechen. Ob es nun sein Herz war oder sein Kopf, das war ihm egal. Solange seine Mutter weg war, wollte Lasse nicht zu Hause wohnen.
„Kann ich den Sommer über zu dir ziehen?", fragte er und schaute den Förster bittend an.
Er wunderte sich selbst über seinen Mut, die Frage einfach gestellt zu haben. Eigentlich hatte er das Gefühl, die Antwort schon zu kennen.
Hannes schaute Lasse aufmerksam in die Augen. „Wieso möchtest du nicht zu Hause wohnen?"
Lasse zuckte mit den Schultern. „Meine Eltern haben sich gestritten", murmelte er.
Missi sah ihn mitfühlend an und Hannes seufzte.
„Ach, mein Junge", sagte er und strich Lasse über die Schulter. „Ich kann mich nicht in deine Lage versetzen, aber ich kann dir als weiser, alter Mann sagen, dass du vor Problemen nicht davonlaufen kannst."
Ein wenig belustigt musterte Lasse den Förster. Hannes sah eigentlich gar nicht alt und weise aus. Weise alte Menschen hatten in seiner Vorstellung immer viele Falten und lange weiße Haare. Und natürlich einen langen weißen Bart, so

wie ein Zauberer. Hannes aber hatte leuchtend rote Haare und nur kleine Lachfalten um die Augen.
„Bestimmt wird bald alles wieder gut“, sagte er und klopfte Lasse auf die Schulter. „Aber es ist besser, wenn du zu Hause schläfst. Du kannst mich natürlich immer besuchen. Und Missi freut sich bestimmt auch, wenn du sie besuchst oder ihr euch beim Baumhaus trefft.“
Hannes blickte zu Missi, die eifrig nickte.
„Ab und zu können wir bestimmt auch noch mal im Baumhaus schlafen“, versuchte sie ihn aufzumuntern.
„Das Wichtigste ist aber, dass, egal wo du schläfst, deine Eltern davon wissen“, sagte Hannes.
„Hm.“ Lasse fühlte sich zwar etwas besser, aber enttäuscht war er doch.
Hannes sah ihn immer noch geduldig an. Er schien auf eine Antwort zu warten.
„Ok“, sagte Lasse schließlich und zuckte mit den Schultern. „Ich gehe nach Hause.“
Hannes seufzte erleichtert und lächelte ihn zufrieden an.
„Aber erst später“, sagte Lasse etwas trotzig und schwieg. Dann wandte er sich wieder an den Förster. „Erzähl du erst mal, wo du den Hecht genau gesehen hast.“

Gegen Nachmittag ging Lasse mit Missi zurück zum Baumhaus. Lustlos kletterte er auf die Plattform, packte seine Schlafsachen zusammen und stieg wieder die Leiter hinunter. Seinen Rucksack mit den Angelsachen ließ er auf dem Baumhaus. Den ganzen Sommer über würde er wahrscheinlich an keinem anderen Ort mehr angeln gehen. Also konnte er seine Ausrüstung doch auch gleich hierlassen.

„Soll ich dich nach Hause bringen?“, fragte Missi.

Sie wollte für ihn da sein, das spürte Lasse.

„Lieber nicht“, murmelte er.

Er wollte nicht, dass sie mitkam. Sein Vater hatte bestimmt sowieso schon schlechte Laune. Missi würde daran nichts ändern können. Im Gegenteil. Lasse erinnerte sich nur zu gut an das gemeinsame Essen.

Und so machte er sich allein auf den Weg. Langsam und missmutig lief er seinen vertrauten Pfad entlang. Den fröhlichen Vogelgesang in den Ästen ignorierte er. Zu schwer fühlte sich sein Herz an. Und das änderte sich auch nicht, als er kurze Zeit später die Haustür aufschloss. Vorsichtig betrat er den Flur und hielt gespannt den Atem an. Ob sein Vater da war?

Dann zog er seine Schuhe aus und schlich mit klopfendem Herzen Richtung Küche.

Da saß er, sein Vater. Auf seinem Stammplatz, mit einer Kaffeetasse vor der Nase. Schon als Lasse in den Raum trat, wurde er von einem wütenden Blick durchbohrt.

„Wo warst du?“, brüllte sein Vater und stand ruckartig auf, sodass sein Stuhl hinten über kippte. Sein Kopf lief so rot an, dass Lasse Angst hatte, er könnte explodieren.

„Beim Baumhaus“, sagte Lasse kleinlaut.

„Über Nacht?!“ Sein Vater rang nach Luft und brüllte mit zitternder Stimme weiter. „Spinnst du?“
Eigentlich war Lasse klar, dass er einen Fehler gemacht hatte. Er hätte nicht im Baumhaus schlafen dürfen. Das war wirklich blöd von ihm gewesen. Und falsch.
Aber Moment! Das war nur das, was sein Vater für falsch hielt. Lasse aber hatte ja gerade von Hannes gelernt, dass es gar kein Richtig und kein Falsch gab. Er hatte nichts Falsches getan. Nein, Lasse hatte nur auf sein Herz gehört. Und das hatte in den letzten beiden Nächten nicht zu Hause bleiben wollen. Er hätte nur wirklich nicht vergessen dürfen, seinem Vater Bescheid zu geben. Aber Lasse hatte eben überhaupt nicht mit seinem Vater sprechen wollen. Doch warum das so war, schien dem überhaupt nicht wichtig zu sein.
Lasse schluckte einen großen, sperrigen Kloß im Hals herunter. Dabei bemerkte er wieder dieses starke Klopfen in der Brust, das seine Speiseröhre hochzukriechen schien.
Für einen kurzen Moment lenkte er all seine

Aufmerksamkeit auf diese pochende Stelle. Und auf einmal, Lasse konnte sich nicht erklären warum, fühlte er sich nicht mehr allein. Das war nicht nur ein Streit zwischen ihm und seinem Vater. Nein, Lasse hatte nun das Gefühl, jemanden an seiner Seite zu haben. Jemanden, der ihn liebte, wie er war. Jemanden, der ihn anfeuerte und stark machte.
„Ich wollte die letzten beiden Nächte nicht hier schlafen", sagte er entschieden.
„Solange du hier in meinem Haus wohnst, entscheide immer noch ich, ob du hier schläfst oder nicht!", rief sein Vater und kam auf ihn zu.
Für einen kurzen Moment hatte Lasse Angst, dass seinem Vater die Hand ausrutschen könnte. Doch insgeheim wusste er, dass das nicht passieren würde. Schlagen tat er nicht. Das gehörte für ihn nämlich in die Schublade mit der Aufschrift Falsch. Und Lasse war in diesem Moment wirklich froh, dass sein Vater so konsequent mit seiner Schubladenordnung war. Sonst hätte er sich jetzt in Acht nehmen müssen.
Aber nach all dem, was sein Vater ihm nun an den Kopf warf, fragte sich Lasse, was eigentlich schlimmer war. Eine kleine Ohrfeige ohne Worte? Oder ein rasender Vater mit hundert Anschuldigungen, die Lasse zeigten, dass er mit den Ohrfeigen zusammen in die Schublade mit der Aufschrift Falsch gehörte? In die Schublade, in der auch alle Insekten weltweit auf ihn warten würden.
„Du hast mich nie lieb, wenn ich auf mein Herz höre! Ich

darf nie das tun, was sich für mich richtig anfühlt", rief Lasse und schaffte sogar, seinem Vater dabei in die Augen zu sehen.

Er wusste, dass er ihn dadurch nicht weniger rasend machen konnte. Doch auf seltsame Weise fühlte Lasse selbst sich durch diesen Satz noch ein kleines bisschen stärker.

Sein Vater schien sich nach diesen Worten erst einmal zwei Sekunden sammeln zu müssen. Das Wort „Herz" war dem bestimmt noch nie über die Lippen gekommen.

„Was hat das damit zu tun?", fauchte er schließlich. „Du solltest dankbar sein für das, was ich für dich tue. Für das, was ich dir biete." Er rang nach Luft. „Ich sitze voller Sorge bei der Polizei, während du dich im Wald vergnügst."

Doch Lasse hörte gar nicht richtig zu. Er konzentrierte sich nur auf das warme Gefühl, das er immer noch in seiner Brust spüren konnte. Dabei bekam er nur sehr wenig von der Predigt mit, die sein Vater ihm gerade an den Kopf warf. Nur, dass er für die übrigen Ferien Hausarrest hatte, das blieb in Lasses Kopf hängen.

Als er endlich in sein Zimmer gehen durfte, fiel ihm ein riesiger Stein vom Herzen. Schnell hüpfte Lasse ins Bad, um sich sauber zu machen. Sein ganzer Körper stank muffig. Und seine sonst schneeweiße Unterhose, mit der er gebadet hatte, hatte die Farbe von Entengrütze.

Rundum sauber kroch er schließlich unter seine weiche Bettdecke. Nach den zwei Nächten im Schlafsack war das wirklich ein schönes Gefühl. Obwohl es noch sehr früh am

Abend war, hatte Lasse keine Lust mehr, aus seinem Bett zu steigen oder ein Tierbuch zu lesen. Er wollte stattdessen einfach nur daliegen und seinen Vater und seine Mutter aus seinem Kopf verbannen. Das hatte er in den letzten Tagen viel üben können, die Gedanken wegzuschieben. Er versuchte dann einfach an nichts oder an etwas Schönes zu denken, das die bösen Gedanken einfach auslöschte. Aber das war immer noch leichter gesagt als getan. Und einschlafen konnte Lasse dadurch auch nicht besser. Auch Stunden später bekam er immer noch kein Auge zu.

Als es schon fast Nacht war und Lasse seinen Vater im Nebenzimmer schnarchen hörte, setzte er sich auf und grübelte. Sollte er wieder in den Wald schleichen?

Sein Vater würde wieder wütend sein, das wusste Lasse. Aber er wusste auch, dass, egal, was er tat, er für seinen Vater nie auf Dauer in die Schublade mit der Aufschrift Richtig gehören würde. Auch wenn er das noch so sehr hoffte und versuchte. Dann konnte er doch auch gleich freiwillig in die schlechte Schublade steigen. Dann wüsste er zumindest, was auf ihn zukommen würde. Dann hätte er die Situation unter Kontrolle.

Leise sprang Lasse aus dem Bett und schaltete das Licht ein. Ja, er musste hier raus. Er nahm seine weiche Bettdecke, legte sie über eine Schulter und öffnete seine Zimmertür. Als er schließlich auf Zehenspitzen unten im Flur angekommen war, stahl er sich leise aus dem Haus.

Eine ruhelose Nacht

Als Lasse das Baumhaus erreichte, war es schon fast dunkel. Er konnte nur noch die dunklen Umrisse der Leitersprossen erkennen, die in die noch dunklere Baumkrone hinaufführten. Doch Lasse zog es nicht auf das Baumhaus. Dort wäre er wieder allein gewesen und hätte keine fröhliche Missi bei sich gehabt, die ihn aufmunterte.

Stattdessen ging er zum Wasser. Der Mond hatte See und Steg in silbernes Licht getaucht. Lasse setzte sich an den Stegrand und wickelte sich von Kopf bis Fuß in seine Decke ein. Seine Gedanken konnte er allerdings nicht unter der Decke festhalten. Die waren wieder zu Hause bei dem Streit zwischen ihm und seinem Vater. Was der wohl jetzt zu seinem heimlichen Ausflug sagen würde?

Lasse seufzte. Wieso hatte er eigentlich bei fast allem, was er tat, immer ein schlechtes Gewissen gegenüber seinem Vater? Vor allem bei dem, was sich für ihn eigentlich richtig anfühlte? Bei seiner Mutter, Missi oder Hannes hatte er nie dieses mulmige Gefühl, wenn er auf sein Herz hörte. Nur bei seinem Vater. Konnte es sein, dass ... dass er ihn vielleicht wirklich gar nicht lieb hatte?

Lasse spürte, dass seine Augen warm wurden. Er wischte sich die Tränen an der Bettdecke ab und atmete ein paar Mal tief durch. Dann schloss er die Augen. Trotz des Gedankenkarussells in seinem Kopf war er unglaublich müde. Immer noch in seiner Decke eingewickelt, legte er sich auf den Steg und schlief kurze Zeit später ein.

Lasse merkte nicht, wie er langsam von starken Armen hochgehoben wurde. Immer noch in seine Decke eingewickelt kullerte sein Kopf an der Schulter eines Mannes hin und her, der ihn langsam durch den Wald trug. Als die trockenen Zweige unter den Füßen des Mannes knackten, geriet Lasse in einen Halbschlaf. Jetzt konnte er die Wärme und Stärke des Menschen spüren, der ihn trug. Es fühlte sich gut an. Er wusste, dass er dem Mann vertrauen konnte. Er musste träumen!

Kurz darauf hörte Lasse schwere Schritte auf Holz und das Knarren einer Tür. Dann wurde er vorsichtig auf etwas Weichem abgelegt. Plötzlich war Lasse wach und öffnete die Augen. Das war kein Traum.

„Na, du kleiner Ausreißer?“, begrüßte ihn Hannes und lächelte. Er setzte sich neben Lasse und sah ihn aufmerksam an.

„Guten Abend“, murmelte Lasse. Er sah sich um. Hannes‘ Hütte sah bei Dunkelheit und Kerzenschein noch viel gemütlicher aus.

„Du meinst wohl gute Nacht?“ Hannes lachte auf und wuschelte ihm durchs Haar.

Lasse lächelte schuldbewusst, schwieg aber. Er war unglaublich froh, gerade bei seinem neuen Freund gelandet zu sein.
„Ich vernehme hier einen allgemeinen Wunsch nach warmem Kakao." Als hätte man es ihm während des kurzen Schweigens ins Ohr geflüstert, stand der Förster auf und ging zum Herd. Lasse schwieg einfach weiter. Natürlich hatte er nichts gegen einen Kakao. Das Wichtigste war jetzt aber, dass er nicht mehr allein war.
Er beobachtete Hannes dabei, wie er Milch in einen Topf goss und auf den Herd stellte. Keiner sagte ein Wort. Erst als sich der Förster kurze Zeit später mit dem dampfenden Becher wieder zu Lasse setzte, wurde das Schweigen gebrochen.
„Vorsicht! Sehr warm", sagte Hannes.
Lasse nahm den Becher entgegen und kuschelte sich an die Sofalehne. Dann nippte er vorsichtig an seinem Kakao.
„Möchtest du mir erzählen, warum du dich nachts mit deiner Bettdecke auf den Steg legst?"
Lasse schüttelte den Kopf. Er wollte, aber er konnte nicht. Es gab so vieles, was sein Herz schwer machte und ihm war gerade nicht nach Reden zumute. Eigentlich wollte er einfach nur hier bei Hannes sein.
„Darf ich hierbleiben?", flüsterte er.
Hannes sah ihn aufmerksam an. „Du fühlst dich hier wohl, was?"
Lasse nickte. „Du meintest doch, dass ich auf mein Herz hören soll."

„Und das will hierbleiben?“, fragte der Förster.

„Ja!“

Hannes lächelte, erwiderte aber nichts. Lasse wusste, dass das Nein heißen sollte. Warum wollte Hannes ihn nur nicht bei sich aufnehmen?

„Ich weiß, dass ich dir gesagt habe, dass es wichtig im Leben ist, auf sein Herz zu hören“, fing Hannes an.

„Aber das ist gar nicht so leicht.“ Lasse schlug mit der Faust auf das Polster. „Weil man es nie darf!“

„Lasse, natürlich sollst du tun, was sich für dich richtig anfühlt. Aber du darfst nicht vergessen, dass deine Eltern immer noch für dich verantwortlich sind“, versuchte Hannes zu erklären. „Und sie lieben dich beide, auch wenn du es vielleicht manchmal nicht merkst. Die haben auch ein Herz, das gehört werden möchte.“

Wütend starrte Lasse auf den Fußboden. Kurz hätte er am liebsten seinen Becher Kakao an die Wand geworfen. War jetzt etwa die ganze Welt gegen ihn verschworen? Auch Hannes?

„Warum genau bist du so wütend?“ Hannes versuchte seinen Blick zu fangen.

Lasse zuckte mit den Schultern. „Kann ich nicht erklären“, murmelte er und seufzte.

„Weil deine Eltern Streit hatten? Weil du hier nicht schlafen darfst?“ Hannes sah ihn immer noch an. In seinem Blick war eine Ruhe, wie Lasse sie noch nie bei jemandem gesehen hatte.

„Auch“, murmelte er und nickte.
„Oder hast du das Gefühl, machtlos zu sein? Das Gefühl, in dem ganzen Streit von niemandem gesehen zu werden?“
Wieder nickte Lasse, brachte aber kein Wort über die Lippen. Eine warme Träne fiel ihm auf die Wange.
„Ach, mein Junge.“ Der Förster setzte sich jetzt zu ihm und nahm seine Hand.
Lasse schloss die Augen. Hannes neben sich sitzen zu haben, tat unheimlich gut. Es gab ihm Kraft. Vorsichtig lehnte er seinen Kopf an die starke Schulter und atmete tief durch.
„Ich kann verstehen, dass du wütend auf deine Eltern und vielleicht auch auf mich bist.“ Hannes streichelte ihm mit der freien Hand durchs Haar. „Aber eigentlich bist du ihnen sehr wichtig. Da bin ich mir ganz sicher. Sie lieben dich. Und du liebst sie auch, oder? Auch, wenn sie sich gerade wie Hornochsen benehmen.“
Lasse nickte und vergrub sein Gesicht noch tiefer in Hannes‘ Oberarm. Ja, natürlich liebte er seine Eltern. Und er vermisste sie. Er vermisste die Zeit, in der alles noch normal gewesen war. Als seine Mutter noch jeden Tag für ihn da war. Selbst das ständige Gemecker von seinem Vater über die Mitarbeiter fehlte ihm. Zumindest würde er es gerne wieder in Kauf nehmen, wenn dafür nur der Streit zwischen seinen Eltern vorbei wäre. Denn auch wenn sein Vater oft schlechte Laune hatte und Lasse selten lobte, war er doch eigentlich gar nicht so übel. Er gab Lasse ein Zuhause, wo es ihm eigentlich nie an etwas fehlte. Außer jetzt natürlich, wo

seine Mutter nicht da war. Konnte nicht einfach wieder alles wie vorher sein?
Hannes nahm Lasses Gesicht in die Hand und wischte ihm mit dem Daumen ein paar Tränen von den Wangen. „Du kannst mich besuchen kommen, wann du möchtest. Wirklich! Aber bitte schlaf bei deinen Eltern. Natürlich kannst du hier auch mal für eine Nacht oder vielleicht auch für zwei Nächte bleiben. Aber dann bitte nur mit ehrlicher Erlaubnis deiner Eltern“, sagte er und lächelte ihn aufmunternd an. „Ich werde dich nach dem Kakao nach Hause bringen.“
Lasse schwieg. Eigentlich hätte er bis zum Sonnenaufgang so dasitzen können. Langsam nippte er weiter an seinem Becher.
„Komm!“, sagte Hannes freundlich, als Lasse den letzten Schluck Kakao in seinen Mund schüttete. „Ab nach Hause.“
Er warf sich die Bettdecke über die Schulter und blies die Kerzen aus. „Gib mir deine Hand.“
Lasse konnte den Weg durch den Wald nur erahnen, so dunkel war es. Langsam ging er neben dem Förster her und ließ sich von ihm führen. Dann schloss er einfach die Augen. Es fühlte sich wunderbar an, diese starke, ruhige Hand zu spüren. Sie schloss sich fast ganz um die von Lasse, so groß war sie.
Als sie schließlich aus dem Wald traten, nahm der Förster ihn sogar auf den Arm.
„Wo muss ich hin?“, fragte er.

„Das erste weiße Haus", murmelte Lasse und vergrub sein Gesicht tiefer in Hannes' kräftiger Schulter. Was hätte er dafür gegeben, die Zeit anzuhalten. Doch die nächste Minute verging wie im Fluge.
„Wir sind da." Der Förster strich ihm sanft über den Rücken. Seine starken Arme hielten ihn noch fest an seiner Brust. Lasse bekam eine Gänsehaut im Nacken.
Hatte er dieses Gefühl, das ihn gerade durchströmte, schon jemals im Leben gehabt? Wenn ja, dann konnte er sich nicht daran erinnern. Er fühlte sich sicher, geborgen und vor allem nicht mehr allein.
„Hmm...", murmelte er, regte sich aber nicht.
„Ich glaube, es wird Zeit, dass du ins Bett gehst", flüsterte Hannes in sein Ohr und lockerte seine Umarmung.
Lasse seufzte. Ihm war klar, dass es so sein musste. Widerstand würde jetzt nichts bringen. Also ließ er sich sanft auf seine Füße stellen. Die Decke legte Hannes um seine Schultern.
„Gute Nacht, mein Junge."
„Gute Nacht", sagte Lasse.
Dann schlich er zurück ins Haus.

Eine starke Kraft an der Angelschnur

Die Sonne stand schon hoch am blauen Himmel, als Lasse am nächsten Morgen aufwachte. Kein Wunder, er war ja erst mitten in der Nacht ins Bett gegangen. Er zog sich eine kurze Hose und ein T-Shirt an und ging nach unten in die Küche. Überall war es still. Sein Vater war sicherlich bei der Arbeit. Und seine Mutter war scheinbar auch noch nicht zurück. Wann sie wohl wiederkommen würde?

Lasse seufzte und setzte sich auf einen Stuhl. Wenn seine Mutter nicht da war, wirkte die Küche ganz besonders kühl und einsam. Und gerade jetzt zwang ihn sein Vater, den ganzen Tag in diesem leeren Haus zu verbringen.

Ratlos sah Lasse sich um. Im Haus gab es nicht viele Möglichkeiten, sich die Zeit zu vertreiben. Er konnte vielleicht sein Tierbuch lesen, aber das würde auch draußen gehen. Welche Idee ihm auch kam, alles sprach dagegen, im Haus zu bleiben. Besonders bei diesem sonnigen Wetter. Außerdem war Missi bestimmt schon beim Baumhaus und wartete auf ihn. Es gab wirklich keinen ungünstigeren Zeitpunkt für Hausarrest.

„Nein", murmelte Lasse. Diesen Tag würde er ganz bestimmt nicht im Haus verbringen.

Nach einem kurzen Frühstück schlüpfte er in seine Sandalen und öffnete die Haustür. Die warme Sommerluft, die ihm entgegenkam, roch nach purer Freiheit. Lasse

atmete einmal tief ein und wieder aus. Dann hielt er aber doch noch einmal inne.
Was wäre, wenn sein Vater wiederkommen würde? Der würde sich furchtbar aufregen, das wusste Lasse. Und das wollte er nicht. Denn egal, wie böse der Vater auf ihn war, er tat ihm trotzdem leid. Ohne Frau und Kind musste man sich schließlich unheimlich einsam fühlen. Lasse konnte fast verstehen, warum sein Vater gestern so sauer gewesen war.
Er nahm einen Zettel und einen Stift, setzte sich an den Küchentisch und kritzelte eine kurze Nachricht auf das Papier:

„Ich bin kurz im Wald, aber spätestens um 6 Uhr zurück. Dafür werde ich dich nicht noch einmal so verärgern. Versprochen! Wollen wir heute Abend zusammen essen?"

Sein Vater sollte ihn nicht einsperren können. Aber dafür wollte Lasse ihm jetzt mehr zeigen, dass er immer noch sein Kind sein und bei ihm wohnen wollte. Das hatte er in den letzten Tagen nämlich viel zu wenig getan. Und vielleicht hatte sein neuer Försterfreund ja doch recht: Vielleicht liebte sein Vater ihn ja wirklich irgendwie. Einfach auf seine Weise, sodass Lasse es nur nicht richtig bemerken konnte.

Als Lasse beim Baumhaus ankam, war von Missi noch keine Spur zu sehen.
„Bist du da oben?", rief er.

Er sah zur Plattform hoch und wartete auf eine Antwort. Doch es blieb still. Dann überlegte er. Wenn Missi noch nicht da war, konnte er ja die Zeit gut zum Angeln nutzen. Zum Glück hatte er gestern seinen Rucksack im Baumhaus gelassen.
Doch als Lasse die Leiter hochstieg und sich auf der Plattform umsah, war die Angel nicht zu entdecken. Und der Rucksack sah auch ein wenig geplündert aus. Lasse spürte sein Herz schneller schlagen und schaute noch einmal in alle Richtungen, doch es war nichts zu entdecken.
Doch! Als er auf den Steg sah, fiel ihm etwas auf: Das kleine Boot war auch weg. Schnell kletterte er die Leiter hinunter, stolperte zum Steg und blickte hastig in alle Richtungen. Schließlich entdeckte er das Boot und es saß eindeutig Missi mit ihrem dunklen Lockenkopf darin. Seine Angel, die hinten am Boot steckte, konnte er auch erkennen.
Lasse seufzte erleichtert. Und ein wenig war er auch stolz, dass Missi schon ganz allein angelte. Ganz ohne seine Hilfe! Gemächlich ruderte sie am Ufer entlang, ungefähr auf Höhe von Hannes‘ Hütte. Scheinbar machte sie eine kleine Pause.
„Hallo!“ Lasse versuchte, mit Winken und Rufen auf sich aufmerksam zu machen. „Missi!“
Und tatsächlich winkte Missi zurück.
„Es hat noch keiner angebissen!“, rief sie ihm zu und zeigte auf die Angel.
Wie auf Knopfdruck zog es auf einmal kräftig an der Schnur und die Angel rutschte zur Seite. Missi wirbelte herum und

griff sofort mit beiden Händen nach der Rute. Es schien eine starke Beute zu sein. Missi brachte es nicht zustande, an der Kurbel zu drehen. Sie war viel zu sehr damit beschäftigt, die Angel festzuhalten.
„Halt sie fest!“, rief Lasse und riss sich Hose und T-Shirt vom Körper. „Ich helfe dir.“
Mit einem Satz war er im Wasser und nahm Kurs auf das Ruderboot, das langsam von der Angel über den See gezogen wurde. Noch nie hatte Lasse in so kurzer Zeit eine so lange Strecke im Wasser zurückgelegt. Das Boot schaukelte gewaltig, als er sich mit großem Schwung hinein beförderte. Dann rappelte er sich auf und griff sofort nach der Angel.
„Halt mit fest!“, rief er, als er merkte, welch eine Kraft an der Angelschnur zog.
Missi packte noch fester zu. Lasse ließ jetzt mit einer Hand los und tastete nach der Kurbel. Vorsichtig fing er an, daran zu drehen, und holte Stück für Stück die Schnur ein. Die Beute kämpfte und wand sich hin und her. Welch eine Kraft! Lasse hatte Mühe, die Angel überhaupt festzuhalten, und war froh, dass Missi mit anpackte. Doch er machte sich auch Sorgen um die Schnur. War sie überhaupt auf solch ein großes Tier ausgelegt?
Wild schlug es mit der Schwanzflosse. Um was für einen Fisch es sich genau handelte, war in dem aufgewühlten Wasser noch nicht zu erkennen. Lasse bemühte sich, nur dann an der Kurbel zu drehen, wenn die Beute gerade nicht

sowieso schon mit ihrer ganzen Kraft an der Angel zerrte. Nicht, dass die Schnur noch zerriss. Dadurch kostete jede Kurbelumdrehung aber nicht nur viel Kraft, sondern auch viel Konzentration.
Mittlerweile war die Beute nur noch fünf Meter entfernt und ihre Umrisse besser zu erkennen. Lasse schwitzte vor Aufregung. Und als er die Schnur so weit aufgewickelt hatte, dass er den Fischkopf erkennen konnte, fingen seine Knie an zu zittern. Das Tier war gigantisch und übertraf alle seine Vorstellungen. An dem langen Maul, das wie ein Entenschnabel geformt war, erkannte Lasse endlich, um was für einen Fisch es sich handelte.

„Der Hecht!“, rief er.
„Der ist ja riesig!“, rief Missi.
Sie schien genauso überwältigt.
Lasse ließ die Kurbel los und griff nach dem Kescher, den Missi zum Glück mit an Bord genommen hatte. Doch auf einmal rutschte seiner Freundin die Angel aus den Händen.
„Nein!“, rief sie.
Sie fiel zurück ins Boot und Lasse war nun der Einzige, der noch eine Hand an der Rute hatte. Jetzt kam es allein auf ihn an. Entschlossen packte er auch mit der zweiten Hand wieder zu und setzte sein ganzes Körpergewicht ein.
„Halt du den Kescher!“, rief er. Seine Stimme überschlug sich vor Aufregung.

Sofort packte Missi mit beiden Händen den Kescher und versuchte, die Beute mit dem Netz einzufangen. Mittlerweile war der Fisch nur noch einen Meter von ihnen entfernt und tobte direkt vor ihren Nasen durch das Wasser. Lasse hörte auf zu kurbeln und versuchte schnaufend, den Hecht mit der Rute in den Kescher zu lenken.

„Ja, du schaffst das!“, feuerte Missi ihn an.

Lasse war am Ende seiner Kräfte. Wie lange kämpfte er schon mit dem Tier? Es kam ihm vor wie eine halbe Ewigkeit. Noch einmal hievte er die Beute mit der Angel etwas hoch. Und tatsächlich schaffte er es diesmal, sie in das Netz zu bugsieren. Sofort ließ er die Rute los und half Missi, das wild zappelnde und sich windende Tier ins Boot zu bekommen. Es gelang ihnen tatsächlich. Doch Lasse war fast zu schlapp, um sich zu freuen. Im Boot zappelte der Hecht weiter.

„Pass auf seine Zähne auf!“, warnte er Missi. Lasse wusste, wie gefährlich in diesem Moment das Maul des Raubfisches sein konnte.

Er sah sich um. Was hatten sie an Bord, um das Tier wehrlos zu machen? Vielleicht ein Stein oder ein Messer?

Nein. Alles, was Lasse normalerweise für den letzten Schritt beim Angeln brauchte, war beim Baumhaus.

„Mist!“, fluchte er.

Schließlich nahm er eines der Ruder und versuchte damit, den Hecht außer Gefecht zu setzten. Es war viel schwieriger als bei den anderen, viel kleineren Fischen, die Lasse bisher

geangelt hatte. Zu stark war die Beute und zu unhandlich war das Ruder. Lasse musste sehr viel Kraft aufbringen und es waren mehrere Anläufe nötig, um den Hecht bewusstlos zu machen. Doch er schaffte es.
Jetzt fehlte nur noch ein scharfer Gegenstand, um die Kehle zu durchtrennen. Ohne lange nachzudenken, griff Lasse wieder nach dem Ruder und stand auf. Das Ruderblatt hielt er über den Hals des Hechts. Dann brauchte er noch einen Moment, um sich zu sammeln, und als er sicher war, dass Konzentration und Kraft ausreichend würden, stieß er zu.
Auf einmal war es im Boot still. Der Hecht machte lautlos seine letzten Zuckungen und Missi wirkte wie erstarrt. Nur Lasses Herz schlug wie wild. Er legte sich, alle viere von sich gestreckt, neben dem Hecht ins Boot. Seine Haut war nass von Schweiß und Seewasser.
„Wow!" Missi schien sich gefangen zu haben und schaute mit großen Augen auf das Schlachtfeld. Dann grinste sie stolz und warf ihre Faust in die Luft. „Waidmannsheil!"
„Waidmannsdank", antwortete Lasse und schmunzelte erschöpft. „Das sagt man eigentlich nur beim Jagen", erklärte er. „Beim Angeln heißt es Petri Heil und Petri Dank."
„Petri Heil!", rief Missi mit stolzgeschwellter Brust und warf wieder ihre Faust in die Luft.
Das brachte Lasse zum Lachen. Missi war jetzt eine richtige Anglerin, die sogar den Anglergruß beherrschte.
„Petri Dank", antwortete er und fand, dass es wieder ein guter Moment war, um einfach gemeinsam zu schweigen.

Und um sich auszuruhen natürlich. Missi griff nach den Rudern und bewegte das Boot langsam Richtung Steg, während Lasse liegenblieb und neue Kräfte sammelte.
„Wollen wir den Hecht heute Abend grillen?“, fragte Missi. „Oder was hattest du mit ihm vor?“
Sie sah dem Hecht ins Gesicht und klopfte seinen Bauch, als wäre er ein Hund.
„Ich wollte ihn eigentlich ins Kino einladen“, sagte Lasse ernst, musste aber doch grinsen.
Missi wieherte los.
„Grillen klingt super. Bei Hannes?“, fragte Lasse, als Missi sich wieder beruhigt hatte.
„Wenn man vom Teufel spricht.“ Sie nickte mit dem Kopf zum Steg.
Lasse rappelte sich auf und sah in das vor Freude strahlende Gesicht des Försters, auf das sie zusteuerten.
„Weidmannsheil!“, rief Hannes, als sie nur noch ein paar Meter von ihm entfernt waren.
„Das heißt Petri Heil!“, rief Missi und strahlte zurück. „Wir sind schließlich Angler.“
„Oh, entschuldigt. Ihr habt recht. Petri Heil!“, verbesserte sich Hannes.
„Petri Dank!“, riefen Lasse und Missi zurück.
„Wir haben den Hecht!“, fügte Lasse hinzu und versuchte, die Beute in Hannes‘ Sichtfeld zu hieven.
„Das habe ich wohl beobachtet.“ Hannes nahm den Hecht mit seinen großen, starken Händen entgegen und half den

Kindern auf den Steg. „Das war ja eine richtige Schlacht. Junge, Junge!“
Lasse strahlte. „Können wir ihn heute Abend bei dir grillen?“
„Aber sicher“, antwortete Hannes und schaute den großen Fisch in seiner Hand genauer an. „Welch ein Prachtstück!“
Lasse war unglaublich stolz. Und auch in Missis Augen glitzerte der Sieg über die Beute.
„Ich habe mir gedacht, dass ich euch hier treffe“, sagte Hannes. „Ein tolles Baumhaus habt ihr übrigens.“
„Danke!“, rief Missi.
„Wenn ihr wollt, nehme ich den Fisch schon einmal mit“, schlug Hannes vor. „Wollt ihr eure Eltern später auch mitbringen?“
Lasses Hochgefühl ließ schlagartig nach. Ihm fiel ein, dass er ja eigentlich Hausarrest hatte und spätestens um sechs Uhr zu Hause sein wollte. Außerdem hatte er sich doch eigentlich vorgenommen, mit seinem Vater zusammen zu essen.
„Klar, gerne!“, rief Missi und strahlte. Dann sah sie Lasse fragend an.
Lasse überlegte.

„Lasst uns doch lieber jetzt grillen“, sagte er schließlich. „Und ich bringe meinem Vater später etwas von dem gegrillten Hecht zum Abendessen mit.“
„Das klingt nach einem Plan“, sagte Hannes. Und Missi nickte begeistert.

Die Wetterparty

Lasse zog sich seine Hose und sein T-Shirt an und schlüpfte wieder in seine Sandalen. Die Haare hatte die Sonne schon fast getrocknet.

Hannes hievte den Hecht auf die Schultern. „Bis gleich, Kinder", sagte er. „Der Grill wird sofort angeschmissen, sobald ich bei der Hütte bin." Dann verschwand er mit der Beute.

„Wir kommen bald nach", rief Missi ihm hinterher. Danach nahm sie Lasses Hand und zog ihn mit sich. „Meine Eltern werden Augen machen."

„Und dein Opa erst!" Lasses Herz machte einen Purzelbaum, so sehr freute er sich auf die Gesichter.

Aus irgendeinem Grund war er diesmal so gut wie gar nicht aufgeregt auf dem Weg zu Missi. Vielleicht war es die Freude, die das sonst so mulmige Gefühl verdrängte.

„Danke für die Einladung", sagte Susanne, als Missi und Lasse das Haus erreichten und von ihrem Abenteuer berichteten.

„Natürlich kommen wir. Kaum zu glauben, dass ihr so einen großen Fisch geangelt habt."

„Aber wirklich!", rief Peter begeistert. „Da bin ich ja echt gespannt, wie euer Fisch aussieht. Und wie er schmeckt natürlich!"

Lasse freute sich riesig über die großen Augen. Aber die waren nichts im Vergleich zu der Begeisterung von Opa Hans. Der war nämlich völlig aus dem Häuschen, als er die Geschichte hörte.

„Da fangen sie mir nichts dir nichts einfach den riesigen Hecht!“, rief er und machte sogar einen kleinen Sprung. „Sauber, Kinder!“

Lasse kam aus dem Grinsen gar nicht mehr heraus. Das heute war mit Abstand der größte Erfolg, den er je beim Angeln gehabt hatte.

„Komm!“, sagte Missi zu Lasse und zog ihn in die Küche. „Wir machen einen Salat.“

Lasse folgte seiner Freundin an den Küchentisch und ließ sich von ihr ein Brett, ein Messer und eine Schüssel vor die Nase stellen.

„Ich hole die Zutaten von draußen“, rief Missi und lief in den Garten.

Lasse setzte sich vor seinem Brett an den Tisch und wartete. Vorsichtig sah er sich in der Küche um. Sie sah ganz anders aus als die Küche bei ihm zu Hause. Genau wie in Hannes‘ Hütte standen die Geräte und Werkzeuge hier offen herum, anstatt sorgfältig hinter Schranktüren verstaut zu sein. Lasses Kopf wollte ihm wieder sagen, dass das nicht richtig war. Dass alles ordentlich in Schränke gehörte. Aber dann erinnerte er sich an das, was Hannes ihm gesagt hatte: „Es gibt kein Richtig und kein Falsch. Es gibt nur Ja und Nein. Und das sagt dir dein Herz.“

Gespannt betrachtete Lasse das wilde Durcheinander und fühlte in seine Brust. Warm und leicht fühlte sie sich an. Denn natürlich fühlte er sich wohl hier. Eigentlich war die Küche sogar richtig herrlich. Ja, wirklich! So wunderbar

lebendig und bunt. Nicht so leer und farblos wie bei Lasse zu Hause.
Auf einmal konnte er sich an der Einrichtung kaum sattsehen. Überall gab es etwas zu entdecken. Die Zeit, bis Missi wieder zurückkam, verging wie im Fluge.
„Sieh mal, was ich alles mitgebracht habe!“, sagte sie und zeigte ihm das Gemüse in ihren Händen. „Ich habe einen Salatkopf, eine Gurke, Tomaten und Kräuter.“ Sie legte alles vor Lasses Nase auf den Tisch und setzte sich fröhlich neben ihn. „Ran an die Arbeit!“
Dann nahm sie den Salatkopf und zerkleinerte ihn. Lasse schnitt die Gurke und die Tomaten in Würfel. Es machte riesigen Spaß, gemeinsam das Essen zuzubereiten. Lasse fand außerdem, dass eine unordentliche Küche durchaus Vorteile hatte. Hier verlangte niemand von ihm, dass er sich auch ordentlich benahm. Er konnte sein, wie er war, ausgelassen und fröhlich, und keinen schien das zu stören. In Missis Haus war es erlaubt, auf sein Herz zu hören. Hier ordnete man fast nichts in Schubladen - im wahrsten Sinne des Wortes. Natürlich gab es hier Schränke und auch Schubladen, aber selbst darin war es bei weitem nicht so ordentlich wie in Lasses Küche. Sie alle waren wild und bunt gestaltet.
Lasse musste schmunzeln. Genauso wie Missis Familie ihre Schubladen selbst sortierte, hatte er jetzt auch seine Richtig- und Falsch-Schubladen neu geordnet. Richtig war jetzt nicht mehr das, was sein Vater sagte, sondern das,

was sein Herz sagte. Auch die Gewinner- und Verlierer-Schubladen waren für ihn nicht mehr dieselben. Sie hießen sogar anders, nämlich Herzmenschen-Schublade und Kopfmenschen-Schublade. Denn diese Aufteilung machte für ihn durchaus Sinn. Schließlich konnten sie ihm erklären, warum sein Vater so war, wie er war, und er Lasse scheinbar trotzdem liebte. Herzmenschen hörten mehr auf ihr Herz und Kopfmenschen wie sein Vater hörten eben mehr auf ihren Kopf.

Der Salat, den Missi und Lasse zubereiteten, enthielt nicht nur typische Gartenkräuter, sondern auch Löwenzahn, Giersch und Brennnessel. Pflanzen, die Lasse normalerweise nur am Wegrand oder auf dem Komposthaufen fand.

„Der sieht aber toll aus!“, sagte er, als Missi die letzte Zutat in die Schüssel warf.

„Finde ich auch“, erwiderte sie. Sie schien an dem Salat allerdings gar nichts seltsam zu finden.

Lasse betrachtete das Chaos aus Gemüseresten auf dem Küchentisch. „Sieht aus wie ein einziges Schlachtfeld.“ Grinsend zog er die Augenbrauen hoch.

„Stimmt.“ Missi kicherte. „Aber das räume ich später auf“, sagte sie und winkte ab. „Jetzt habe ich aber erst mal riesigen Hunger.“

„Ich auch“, rief Lasse und sprang auf.

Kurz darauf brach die ganze Mannschaft auf. Opa Hans war am aufgeregtesten von allen und lief begeistert hinter den Kindern her.

„Wie groß war der Hecht noch mal?“, fragte er Lasse, der seine Fragen schon gar nicht mehr mitzählen konnte.
„So groß.“ Lasse breitete die Arme weit aus. „Nein, noch größer.“
„Unfassbar!“, rief der Opa und schüttelte ungläubig den Kopf.
Lasse genoss die Aufmerksamkeit.
„Schmeckt ein steinalter Fisch überhaupt noch?“, fragte Peter interessiert und holte auf.
„Selbstgefangene Fische schmecken immer“, entgegnete Opa Hans. „Denn sie waren frei und glücklich. Ich würde bestimmt auch noch vorzüglich schmecken, wenn man mich angeln würde. Meine Zellen sind gesund und fühlen sich jung an. Oho, ja das tun sie!“
Missi gluckste. „Du an einer Angelschnur? Das will ich sehen.“
Lasse musste auch kichern. In ausgelassener Stimmung traf die Truppe in Hannes‘ Garten ein.
Auf der Veranda standen zwei kleine Tische, die Lasse noch nie dort gesehen hatte. Beide hatte Hannes mit einer Tischdecke, Geschirr und Besteck eingedeckt. Es sah unglaublich einladend aus. Sogar die dreckige Kaffeetasse war verschwunden. Neben der Veranda stand ein großer Grill, aus dem es stark qualmte.
„Hallo zusammen!“ Hannes kam mit einem großen Tablett in den Händen aus der Tür. „Schön, dass ihr alle da seid.“
Auf dem Tablett lag ihr selbstgeangelter Hecht. Lasse sah, dass Hannes ihn mit Kräutern gefüllt hatte. Außerdem war

der Fisch in zwei Teile geteilt, damit er überhaupt auf das Tablett passte.
„Oho, das ist ja ein Prachtkerl!“ Freudig glucksend rieb sich Opa Hans die Hände.
„Hallo, Hannes“, sagte Missis Mutter und ging auf den Förster zu. „Mensch, ist das lange her.“
„Hallo, Susanne.“ Hannes strahlte seine alte Schulfreundin an. „Toll, dich mal wieder zu sehen.“ Dann wandte er sich an die Runde und wies zu den Tischen. „Setzt euch doch schon. Was möchtet ihr trinken?“
Alle setzten sich und ließen sich von Hannes mit Getränken bedienen.
„Und wann ist der Hecht fertig?“, fragte Missi.
„Die Kohle ist bald durch“, erklärte der Förster. „Trotzdem wird es noch ein Weilchen dauern. Falls ihr schon großen Hunger habt, nehmt euch von den Beilagen. Ich habe Brot gebacken, und wie ich sehe, habt ihr einen Salat mitgebracht.“
Doch Lasse und Missis Familie lehnten dankend ab. Alle Mägen waren erst mal für den Hecht reserviert.
Bald wurde der gesamte Grill von den beiden Fischhälften eingenommen. Missis Opa schlich beeindruckt um das Tier herum und inspizierte es genau. Er schaute ihm sogar ins Maul. Die heiße Kohle störte ihn scheinbar nicht.
„Leider kann ich nicht erkennen, ob es derselbe Hecht ist, den ich damals erwischt habe“, sagte er und zog die Schultern hoch.

„Schade." Missi machte einen Schmollmund.
„Das heißt, wir werden vielleicht doch keinen steinalten Fisch essen?", fragte ihr Vater und grinste. „Puh! Welch ein Glück." Er seufzte mit gespielter Erleichterung und brachte die Runde zum Lachen.
„Jetzt möchten wir aber noch mal genau hören, wie ihr diesen riesigen Fisch aus dem See bekommen habt." Neugierig sah Susanne zwischen Lasses und Missis Gesicht hin und her.
„Oh ja, das wollen wir!", rief Opa Hans, kam zurück zu den Tischen und machte es sich wieder auf seinem Stuhl bequem.
Dann erzählten Missi und Lasse zum zweiten Mal von ihrem Angelabenteuer. Doch dieses Mal ließen sie keine Kleinigkeit aus. Alles musste berichtet werden. Wie Lasse seine Klamotten vom Körper gerissen hatte und in Unterhose zum Boot geschwommen war. Wie Missi die Angel entglitten war. Und wie ihre Beute sich gewehrt hatte, bevor sie sie außer Gefecht gesetzt hatten. Lasse konnte sich nicht daran erinnern, schon einmal so viele Worte vor so vielen Menschen gesprochen zu haben. Doch es machte einen riesigen Spaß. Vor allem, weil alle gespannt zuhörten.
„Danach war ich einfach nur noch fix und fertig", beendete er die Geschichte. „Missi musste uns sogar allein zurück zum Steg bringen. Ich hatte keine Kraft mehr zu rudern."
„Das muss ein köstlicher Anblick gewesen sein", sagte Missis Vater belustigt, während sich seine Frau eine kleine

Lachträne aus den Augen wischte.
„Ja, sehr köstlich!“, rief Opa Hans und schlug sich auf die Schenkel.
Lasses Wangen wurden warm. Noch nie hatte er eine Menschengruppe zum Lachen gebracht.
„Alle mal herhören!“, warf Hannes plötzlich ein, der an den Grill verschwunden war. „Der Hecht ist jetzt gut durchgegart.“
Er lud den Fisch auf zwei große Teller und trug sie zu den Tischen. Dann schnitt er jedem ein großes Stück ab. Lasse, der neben ihm saß, reichte die Stücke weiter, bis jeder eines hatte. Danach fingen alle an zu essen.
„Draußen schmeckt immer alles besser“, bemerkte Hannes und ließ sich den ersten Bissen auf der Zunge zergehen.
Lasse nickte und schaufelte sich die nächste Gabel in den Mund.
„Und mit euch schmeckt‘s gleich doppelt so gut“, sagte Missi.
„Ach, der Hecht würde genauso gut schmecken, wenn ich ihn allein im Keller essen würde“, erwiderte Peter kauend und schnitt eine Grimasse.
Missi kicherte.
„Vielen Dank und ein großes Lob an die Angler und den Koch.“ Susanne wischte sich ihre Hände an der Serviette ab und nickte den dreien zu.
„Auch von mir ein großes Kompliment“, sagte Opa Hans kauend. In seinen Augen glänzte es. „Ich habe noch nie so einen leckeren Fisch gegessen.“

„Tja, mit dem Alter kommt die Würze, nicht?“, neckte Missis Vater den alten Mann und alle lachten.
„Du sagst es, mein Lieber!“, gluckste Opa Hans.
Munter verputzte jeder restlos alles, was auf seinem Teller lag, und immer wieder wurde nachgelangt.
„Und dir habe ich noch etwas beiseitegelegt“, flüsterte Hannes Lasse zu und zwinkerte, „für deine Eltern.“ Dann zeigte er auf ein kleines Paket aus Zeitungspapier.
Lasse hatte seine Eltern total vergessen. Doch als er jetzt an sie dachte, an den Streit und an seinen Hausarrest, blieb sein Bauch zu seiner Überraschung entspannt. Er war so glücklich, dass der Gedanke an zu Hause das nicht ändern konnte. Aus irgendeinem Grund war er sich sogar sicher, dass es heute Abend keinen Streit geben würde. Und das, obwohl er sich nicht an seinen Hausarrest gehalten hatte.
„Na, ob das Wetter noch lange mitspielt?“ Susanne lugte in den Himmel. „Es sieht nach Regen aus.“
„Und wenn schon“, sagte Hannes zuversichtlich. „Die Veranda hat ja zum Glück ein Dach.“
Doch als alle am Tisch ihre kugelrunden Bäuche streichelten und Hannes Getränke auftischte, die nur für die Erwachsenen gedacht waren, hörte man es am Himmel verdächtig grummeln. War etwa ein Gewitter im Anmarsch?
Lasse schaute auf Hannes‘ Wanduhr. Er hatte noch eine Stunde, bis er zu Hause sein musste.
Hoffentlich machte ihm das Wetter keinen Strich durch die Rechnung.

„Oh, es regnet“, stellte Missi fest.
Und tatsächlich hörte Lasse es jetzt auch in den Blättern knistern. Er sah sich um. Der Regen nahm schnell zu.
„Oh nein!“, rief Susanne, als ihre Serviette vom Tisch in den Wald geweht wurde. „Woher kommt auf einmal der Wind?“
„Vielleicht sollten wir doch lieber ins Haus gehen“, schlug Hannes vor. „Ich habe zum Glück ein wenig aufgeräumt.“
„Gute Idee“, rief Missi.
Sie war die Erste, die von ihrem Platz aufstand und mit Teller und Besteck in die Hütte flüchtete. Danach packten alle an. Schnell hatten sie die Tische abgeräumt und die Stühle in Sicherheit gebracht. Als auf der Veranda nur noch leere Tische standen, machten es sich alle in Hannes‘ Hütte gemütlich.
Lasse war der Letzte, der sich drinnen einen Platz suchte. Direkt neben Missi, die mit angewinkelten Beinen auf dem Sofa saß und dem Unwetter lauschte. Draußen prasselte der Regen gegen die Scheiben. Dann donnerte es.
„Oho, welch ein Donnerwetter!“, gluckste Opa Hans, der es sich im Sessel bequem gemacht hatte.
Hannes warf eine Wolldecke über Lasse und Missi. „Nicht, dass ihr euch noch erkältet, Kinder“, sagte er und klopfte ihnen auf die Schulter.
„Das Gewitter macht es hier drinnen so richtig gemütlich“, sagte Missi schwärmerisch.
Genau das fand Lasse auch. Draußen tobte das Unwetter, aber er selbst fühlte sich in Hannes‘ Hütte sicher. Hier war

er vor den Blitzen geschützt, die er durch das Fenster sehen konnte.
Als das Gewitter direkt über ihnen war, konnten sie das schwere Grollen nicht nur hören, sondern auch spüren. Das Haus zitterte bei jedem Donnerknall und die Töpfe in der Küche klapperten aneinander.
„Oho, wie lange ist das her, dass ich das letzte Mal von einem Gewitter so durchgeschaukelt wurde?“, rief Opa Hans vergnügt, als würde er in einem Karussell sitzen.
Es krachte wieder.
„Und noch eine Runde!“, rief er begeistert.
„Wer hat noch nicht, wer will noch mal?“, stieg Missi lachend ein. „Eintritt frei!“
Sie sprang auf, riss die Decke mit und spannte sie über ihre ausgebreiteten Arme, sodass sie aussah wie ein Adler. Dann fing sie an, tanzend von einem Bein auf das andere zu springen.
„Oh ja, Petrus ist mal wieder spendabel“, rief ihr Opa und klatschte einen Rhythmus vor, zu dem Missi tanzen konnte. „Eine Gratis-Disco nur für uns. Eine Wetterparty. Wunderbar!“
Auch alle anderen fingen an, in dem Takt zu wippen, den Opa Hans vorgab. In Lasses Nacken stellten sich die Härchen auf. Wieder hatte er dieses schöne Gefühl, das er auch gestern Nacht vor seiner Haustür auf Hannes‘ Arm gehabt hatte. Das Gefühl, in der Schublade mit der Aufschrift Richtig zu liegen.

„Hannes, spielst du eigentlich noch Gitarre?“ Susanne zeigte auf das Instrument an der Wand. „Das würde doch jetzt passen.“

„Oh, das ist schon Jahre her, dass ich das letzte Mal gespielt habe“, versuchte der Förster auszuweichen. „Und überhaupt hat sie nur noch fünf Saiten.“

„Das ist kein Grund, jetzt nicht zu spielen“, forderte Susanne ihn auf. „Du spielst, ich singe. So wie früher.“

Damit war Hannes einverstanden. Er nahm die Gitarre von der Wand und setzte sich auf die Sofakante neben Lasse. Dann legte er das Instrument auf seinen Oberschenkel und fing leise an, zwei Saiten anzuspielen.

„Das klingt ja grausig“, sagte er.

„Das stimmt gar nicht“, rief Missi, die ihre Tanzschau beendet hatte und mit großen Augen auf die Gitarre starrte.

„Also gut.“ Hannes nickte.

Er drehte noch einmal kurz an der Mechanik, dann spielte er ein paar Töne und sah Susanne verheißungsvoll an. Leise fing sie an mitzusummen. Und als Hannes lauter spielte, sang sie aus voller Brust.

„Toll!“, rief Missi.

Die Gitarre klang zwar wirklich etwas schräg, doch das schien keinen zu stören. Zusammen mit Susannes Stimme klang das Konzert sogar richtig schön. Irgendwann stimmten auch der Vater und Opa Hans in den Gesang mit ein. Und danach Missi. Die übertönte sogar Peters tiefe Stimme. Es war ein Lied, das scheinbar jeder kannte. Nur

Lasse hörte es zum ersten Mal und versuchte, dem Text zu lauschen.
„Darf ich bitten, junge Dame?“ Mitten im Lied stand Opa Hans auf und reichte Missi die Hand.
Während beide halb lachend, halb singend herumsprangen, kam der Rest so richtig in Fahrt. Hannes spielte nicht nur die Saiten an, sondern klopfte sogar gleichzeitig auf der Gitarre herum. Irgendwann fing Lasse auch an, zu dem Rhythmus zu wippen, und beobachtete Missi und ihren Opa beim Tanzen. Beide waren hauptsächlich damit beschäftigt, sich nicht auf die Füße zu treten.
„Oho, wie lange ist es her, dass ich das letzte Mal getanzt habe?“

„Du hast noch nie getanzt, Opa."
„Siehst du? Es muss also schon mindestens zehn Jahre her sein." Er versuchte, sein steifes Becken hin und her zu schaukeln. „Ich merke auch, dass ich ein wenig aus der Übung bin."
Das nächste Lied brachte die Truppe genauso in Fahrt. Alle lachten, sangen und bewegten sich im Takt. Auch Lasse lachte, klatschte und sang schließlich mit. Draußen spielte das Wetter seine eigene Melodie dazu. Es blitzte und krachte.
„Oh", rief Hannes und hörte plötzlich auf zu spielen. „Jetzt habe ich nur noch vier Saiten."
Er hielt das freie Ende einer Saite in die Luft.
„Ich brauche sowieso eine Pause." Opa Hans ließ sich zurück in den Sessel fallen.
„Schade", murmelte Missi, als sich alle anderen wieder auf ihren Plätzen zurücklehnten. Doch auch sie machte es sich wieder auf dem Sofa gemütlich.
„Nun hört doch mal", sagte Hannes und legte einen Zeigefinger auf die Lippen, „wie kleinlaut wir das Gewitter bekommen haben."

Die Heimkehr

Lasse sah aus dem Fenster. Auch wenn das Gewitter mittlerweile schon über alle Berge war, hatte der Regen allerdings noch gar nicht nachgelassen.

„Du musst los, nicht wahr?", fragte Hannes.

Lasse nickte. Dann rutschte er vom Sofa und nahm den eingepackten Fisch für seine Eltern. Hannes stand auf und brachte ihn zur Tür.

„Warte", sagte er und durchsuchte seine Garderobe. „Hier, nimm den mit." Er nahm einen Regenschirm vom Haken. „Den kannst du gerade gut gebrauchen."

„Danke."

Lasse nahm den Schirm und verabschiedete sich von der Runde. Danach verschwand er aus der Tür. Es fiel ihm schwer zu gehen. Aber er hatte seinem Vater etwas versprochen und das Wort wollte er halten. Außerdem hatte er den ganzen Tag schon so ein gutes Gefühl, das auch jetzt auf dem Heimweg nicht verschwand. Er spürte, dass es genau das Richtige gewesen war, seinem Vater einen Zettel zu schreiben.

„Hallo?" Lasse trat vorsichtig in den Flur und zog die Haustür hinter sich zu.

Es kam keine Antwort. Leise stellte er Schuhe und Schirm ab und lauschte. Es war still im Haus, doch in der Küche brannte Licht. Vorsichtig und nun doch etwas aufgeregt ging Lasse auf die Küchentür zu und schob sie auf.

Am Esstisch sah er seinen Vater. Er saß auf seinem Stammplatz und hatte die Stirn in die Hände gestützt. Das Gesicht war nicht zu sehen.
Als Lasse den Raum betrat, hob sein Vater wortlos den Kopf und sah ihn mit roten Augen an.
„Hallo“, wiederholte Lasse vorsichtig.
Doch in dem Gesicht von seinem Vater war kein Zeichen von Wut oder Lust auf Streit. Nein, er wirkte traurig und verzweifelt. Noch nie hatte Lasse ihn so gesehen.
„Es tut mir leid, dass ich mich nicht an den Hausarrest gehalten habe“, sagte Lasse leise und schwieg.
Sein Vater sah ihn einfach nur an und seufzte unmerklich.
„Und es tut mir leid, dass ich im Baumhaus geschlafen habe, ohne dir Bescheid zu sagen.“ Jetzt flüsterte Lasse.
Sein Vater blieb stumm. Doch Lasse spürte in diesem Moment so etwas wie ein unsichtbares Band zwischen sich und ihm. Es war, als könnte er gerade jedes Gefühl von ihm mitfühlen.
Und auf einmal, Lasse wusste kaum, wie ihm geschah, streckte sein Vater die Arme aus. Ganz so, als ob er wollte, dass Lasse zu ihm kam.
Langsam ging Lasse auf ihn zu und legte das Paket mit dem Hecht auf den Tisch. Dann vergrub er die Hände in den Hosentaschen. Nun traute er sich endlich, seinem Vater richtig in die Augen zu sehen. Sie sahen rot und verquollen aus. Lasse hatte das Gefühl, seinen Vater streicheln zu wollen, doch er ließ seine Hände in den Hosentaschen vergraben.

Als hätte sein Vater seine Gedanken gelesen, zog der ihn auf einmal an sich und schloss ihn in die Arme. Lasse hielt den Atem an. Er konnte sich nicht daran erinnern, dass so etwas schon einmal passiert war. War das wirklich sein Vater?
„Lass mich bitte nicht noch einmal so lange allein“, seufzte er und ließ nicht los. Erst nach langer Zeit lockerte er den Griff, sodass Lasse sich wieder aufrichten konnte.
Lasse wusste nicht, was er sagen oder tun sollte. Dass sein Vater plötzlich Gefühle zeigte und gleichzeitig so schwach wirkte, war ihm fremd. Am liebsten hätte er geweint. Doch er hatte das Gefühl, dass jetzt einer von ihnen stark sein musste.
Also blieb Lasse stehen, zog eine Hand aus der Tasche und legte sie auf die Schulter von seinem Vater. In ihm stieg ein ähnliches Gefühl hoch wie vor ein paar Tagen, als er sich bei Missi entschuldigt und seine Hand auf ihren Rücken gelegt hatte.
Keiner sagte ein Wort. Das unsichtbare Band war immer noch da. Es hatte sich sogar verstärkt. Trotzdem war Lasse sich nicht sicher, ob er den Moment gerade schön finden sollte oder nicht.
Schließlich setzte sich sein Vater wieder auf und blickte ihm wortlos in die Augen.
Noch stärker wurde das Band. Lasse wurde es fast unangenehm.

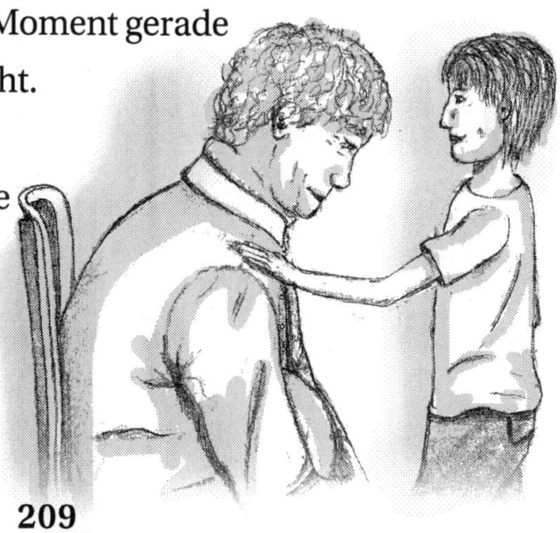

„Ich habe Fisch mitgebracht.“ Lasses Stimme war belegt. Er räusperte sich und deutete auf das einpackte Stück Hecht auf dem Tisch. „Fertig gegrillt. Hast du Hunger?“
Sein Vater nickte.
Lasse holte Teller und Besteck. Dann deckte er Brot auf und holte Butter und Käse aus dem Kühlschrank. Als er den Hecht aus der Zeitung gewickelt und auf einen Teller gelegt hatte, setzte er sich seinem Vater gegenüber.
Wortlos fing der traurige Mann an zu essen. Er sah mit dem Messer in der rechten und der Gabel in der linken Hand so überfordert aus, als würde er gerade erst die Tischmanieren lernen.
„Schmeckt gut“, murmelte er.
„Selbst gefangen und selbst gegrillt“, verkündete Lasse, erwartete aber kein Lob.
„Gut gemacht.“ Sein Vater sah ihn kurz an, blickte dann aber wieder auf den Teller.
Lasse zog verdutzt die Augenbrauen kraus. Sein Vater war heute wirklich für Überraschungen gut. Aber dann lächelte Lasse. Denn natürlich freute er sich über das Lob.
Sein Vater schaffte es jedoch nicht, seine Mundwinkel nach oben zu ziehen. Sie rutschten eher noch weiter runter. Dann seufzte er tief, als wäre ihm wieder eingefallen, warum er so traurig war.
„Glaubst du, Mama kommt bald wieder zurück?“, fragte Lasse in die Stille hinein.
Fast bereute er es, die Frage gestellt zu haben. Denn jetzt

kullerten tatsächlich Tränen aus den Augen seines Vaters und landeten auf dem Hecht. Schnell wischte er sich mit dem Handrücken über die Augen und ließ dabei klirrend das Messer auf den Teller fallen.
Lasse war sich auf einmal sicher, dass sein Vater ihn selbst, aber auch seine Mutter sehr gerne haben musste. Aber wieso hatte er das sonst nie richtig gezeigt? War seine Mutter vielleicht genau deshalb weggefahren? Weil sein Vater ihr nie gezeigt hatte, wie sehr er sie liebhatte?
Auf einmal ertönte aus dem Flur ein leises Geräusch. Lasse horchte auf. Es war das vertraute Klacken der Haustür. Er sah zu seinem Vater. Angespannt saß er auf seinem Stuhl und wischte sich mit der flachen Hand über die Augen. Dann sah er gebannt zur Küchentür. Im Flur klimperten Schlüssel und Lasse konnte hören, wie Schuhe auf die Ablage gestellt wurden.
Kurz darauf kam seine Mutter mit betrübtem Blick in die Küche und setzte sich zu ihm und seinem Vater an den Tisch. Gedankenverloren starrte sie auf die Tischplatte und sagte kein Wort. Lasse hatte jetzt das ungute Gefühl, seine Eltern zu stören. Besonders, als sich die beiden kurz ansahen und dann auch seine Mutter anfing zu schniefen. Er stand vorsichtig auf, kramte noch einen zweiten Teller und Besteck aus dem Schrank und schob beides vor seine Mutter. Immer noch schwiegen beide. Aber Lasse hatte das Gefühl, dass sich beide gerade eigentlich in den Arm nehmen wollten. Dann schlich er, ohne sich

zu verabschieden, die Treppe hoch und legte sich unter seine weiche Bettdecke. Unten in der Küche hörte er die Stimmen seiner Eltern. Es war ein schönes und beruhigendes Geräusch. Es klang nach Versöhnung. Es fühlte sich so an, als würde Lasse nach einer langen Reise endlich wieder nach Hause kommen. Ja, hier im Haus, wo sein Vater und seine Mutter wohnten, war sein Zuhause. Auch wenn er sich im Baumhaus, bei Missi und in Hannes' Hütte sehr wohlfühlte. Lasse war unglaublich froh, wieder in seinem eigenen Bett zu liegen.

Immer weniger Worte waren aus der Küche zu hören. Alles wirkte friedlich. Und als Lasse seine Eltern spät am Abend zu Bett gehen hörte, fiel er in einen tiefen Schlaf.

Ein Karpfen an der Angel

Leise trat Lasse auf den Steg. Missi hörte ihn scheinbar nicht. Sie ließ seelenruhig ihre Beine über dem Wasser baumeln. Dann schlich Lasse wie eine Katze über die alten Bretter zu ihr und tippte ihr von hinten auf die Schulter.

„Hallo!"

Missi zuckte zusammen. „Hey, was soll das?" Sie grinste ihn an. „Du hast mich erschreckt."

Lasse streckte kurz die Zunge raus und erwiderte ihr Grinsen. „Das hatte ich auch vor."

Dann setzte er sich neben sie auf den Steg.

„Du hast jetzt bestimmt alle Karpfen vergrault", sagte Missi mit gespieltem Schmollmund und zeigte auf die bunte Pose auf dem See.

Lasses Angel war neben ihr am Rutenhalter befestigt. Es war jetzt bestimmt schon das zehnte Mal, dass Missi sie ganz ohne ihn benutzte. Trotzdem war er nicht weniger stolz als beim ersten Mal. Schon seit einem Jahr war sie jetzt seine Schülerin.

„Ich glaube nicht." Lasse zeigte auf das Wasser. „Sieh mal da."

Missi sah zurück zur Pose.

„Sie bewegt sich!", rief sie und sprang auf. „Nimm den Kescher!" Sie zeigte hinter sich auf den Steg.

Das ließ Lasse sich nicht zwei Mal sagen und stand auf.

„Ich habe beim Angeln noch nie Anweisungen bekommen", kicherte er und hielt den Kescher ins Wasser.

„Das wird sich ändern." Missi ließ den zappelnden Fisch ins das Netz gleiten. Dann legte sie die Rute auf den Steg. Lasse hievte grinsend den Karpfen daneben. „Es gibt eindeutig Schlimmeres."

Dann fing er an, den Fisch aus dem Netz zu knoten. Missi hockte sich zu ihm und nahm den befreiten Fisch entgegen. Danach zog sie vorsichtig den Haken aus dem Maul.

„Machst du den Rest?", fragte sie und reichte Lasse den Fisch, der immer noch verzweifelt mit der Schwanzflosse schlug.

„Klar."

Auch wenn Missi schon recht gut angeln konnte, fiel ihr der letzte Teil immer noch schwer. Lasse kramte Stein und Messer aus seinem Angelrucksack und drehte sich wieder zu dem Karpfen. Dann nahm er ihn vorsichtig aus Missis Händen.

„Oder wir werfen ihn zurück ins Wasser", schlug Missi vor und hielt ihre Hände schützend über den Fisch, „so wie beim letzten Mal."

Lasse hielt inne und sah sie an. Missi kniete sich jetzt noch näher zu dem Karpfen und sah ihn liebevoll an.

„Der ist doch sowieso viel zu klein, oder?", fragte sie. „Das lohnt sich doch gar nicht."

„Naja..." Lasse sah zurück zur Beute. Dann zuckte er mit den Schultern. „Also ein Riese ist er nicht. Und verletzt ist er auch so gut wie gar nicht."

Missi strahlte. „War das ein Ja?"

Lasse verdrehte schmunzelnd die Augen und legte Stein

und Messer auf den Steg. Missi sprang auf und nahm Lasse den zappelnden Karpfen wieder ab. Dann ließ sie das Tier zurück in den See gleiten.

„Das Schöne am Angeln ist doch, dass man nach einem Erfolgserlebnis auch gleich eine gute Tat vollbringen kann", sagte sie altklug und grinste verschmitzt.

Lasse schnaubte auf. Dann setzte er sich zu ihr ans Wasser und ließ die Beine baumeln. Was Missi genau am Angeln mochte, war ihm gar nicht so wichtig. Hauptsache, sie machte gerne mit. Auch wenn sie dafür öfter mal eine Beute zurück ins Wasser werfen mussten. Bei großen Fischen waren sie sich dafür zumindest immer einig. Die durften in Lasses Gefriertruhe oder direkt auf den Teller.

„Wie war dein Zeugnis?" Neugierig sah Missi ihn an.

„Gut. Die gleichen Noten wie letztes Mal. Und deins?"

Genauso wie letzten Sommer hatte Lasse wieder eine Eins in Bio. Und genauso wie letzten Sommer hatte sein Vater keinen Ton zu seinen Noten gesagt. Aber das störte Lasse fast gar nicht mehr.

„Meins ist auch nicht schlecht", antwortete Missi und nickte begeistert.

„Schön! Und wie steht's mit Mathe?", fragte Lasse.

Missi sagte nichts. Sie zwinkerte ihm nur verschmitzt zu und sah wieder auf das Wasser. Der blaue Himmel und die kleinen Schäfchenwolken spiegelten sich auf der Oberfläche. Lasse wusste, was Missis Zwinkern bedeutete. Mathe war und blieb ihr schlechtestes Fach. Ihr Herz interessierte sich

einfach nicht für Zahlen. Und das, obwohl sie nicht blöd war und Lasse schon oft mit ihr zusammen gerechnet hatte.
„Ich finde, dafür, dass dich das Fach nicht interessiert, bist du gar nicht so schlecht“, sagte er.
Missi gluckste. „Danke.“
„Das meine ich ernst.“
Lasse fand außerdem, dass es weitaus Wichtigeres gab als gute Noten. Schließlich waren sie nicht wirklich wichtig, um glücklich zu sein. Wirklich glücklich wurde man nur, wenn man auf sein Herz hörte. Und darin war Missi schließlich einsame Spitze. Sie war ein Herzmensch, genauso wie ihre ganze Familie.
Aber auch Lasses Mutter war ein Herzmensch. Denn sie teilte auch nichts in Richtig und Falsch auf. Sie wirkte nur nicht ganz so munter wie Missis Familie. Doch wenn Lasse nicht alles täuschte, war auch sie im letzten Jahr etwas fröhlicher geworden. Sie und sein Vater gingen jetzt schon seit ein paar Monaten einmal die Woche gemeinsam zu einem Arzt, der ihre Ehe reparieren wollte. Oder so ähnlich. Seine Mutter bekam jetzt auch ab und zu Blumen von seinem Vater. Natürlich keinen Löwenzahn. Der gehörte für den ja in die Falsch-Schublade, so wie fast alles andere auch. Lasses Vater war nämlich ein Kopfmensch. Der würde nie aufhören, alles auf der Welt in Richtig und Falsch aufzuteilen, das wusste Lasse. Er kannte keinen, der so sehr auf seinen Kopf hörte wie sein Vater. Das Herz hatte bei dem fast gar nichts zu sagen. Trotzdem liebte Lasse ihn. Und

wenn er sich ab und zu so fühlte, als würde sein Vater ihn gerade wieder in die Schublade mit der Aufschrift Falsch stecken wollen, nahm Lasse es sich nicht mehr so zu Herzen. Schließlich lag es nicht daran, dass er wirklich falsch war oder sein Vater ihn nicht lieb hatte. Sondern es lag ganz einfach daran, dass sein Vater ein Kopfmensch war.

„Durftest du dir eigentlich zu Hause ein eigenes Beet anlegen?“ Missi riss Lasse aus seinen Gedanken. „Konntest du deinen Vater überreden?“

„Ja.“ Lasse kicherte. „War aber gar nicht so leicht. Ich habe ein Stück Garten hinterm Haus bekommen. Natürlich eins, das man von der Straße aus nicht sehen kann.“

„Na immerhin!“ Missi musste auch kichern.

„Ich habe sogar ein Schild an das Beet gesteckt." Lasse nickte bedeutungsvoll und wischte mit seiner Handfläche über einen unsichtbaren Schriftzug in der Luft. „Gutkraut."
„Haha! Das steht da drauf?" Missi schlug sich auf den Oberschenkel.
„Meine Eltern müssen schließlich auch noch was lernen, oder?" Grinsend zuckte Lasse mit den Schultern.
„Da freut sich dein Vater bestimmt", gackerte Missi.
„Aber hallo! Besonders bei dem, was ich da gepflanzt habe." Er riss begeistert die Augen auf. „Nichts mag er so gerne wie Löwenzahn und Brennnessel. Besonders seitdem ich ihm erklärt habe, wie gesund die sind, ist er total begeistert. Und wenn er den Spitzwegerich sieht, geriet er richtig aus dem Häuschen", erklärte er und schaffte es sogar, sein Grinsen für einen kurzen Moment zu unterdrücken.
„Wirklich?" Missi zog die Augenbrauen hoch.
„Ja, klar." Lasse verdrehte die Augen und schüttelte den Kopf. „Nein, natürlich nicht."
Wieder wieherte Missi los. Lasse beobachtete, wie sie ihren Kopf lachend nach hinten warf und sich den Bauch hielt. Er selbst grinste auch wieder bis über beide Ohren. Wie schön es doch war, ein Herzmensch zu sein!

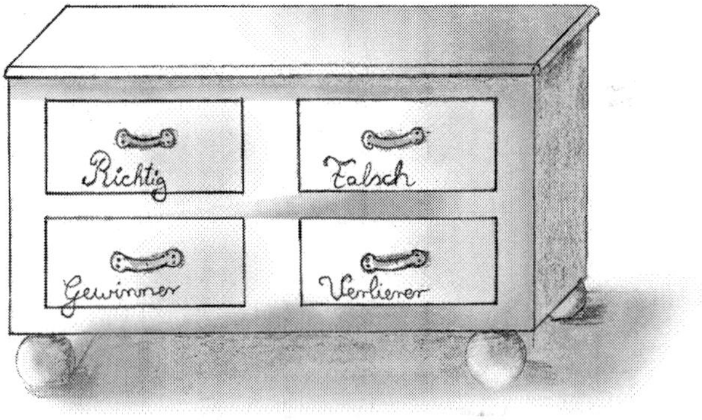
Richtig
Falsch
Gewinner
Verlierer

Missis Löwenzahn-Salat

- 2 große Kinderhände voll **Löwenzahnblätter** (möglichst junge, frische Blätter)
- 5 mittelgroße **Kartoffeln**
- 2 mittelgroße **Karotten**
- 1 **Apfel**
- 2 große Kinderhände voll **Blaubeeren**
- 1 kleine rote **Paprika**
- 2 große Kinderhände voll **Sonnenblumenkerne**

1. Kartoffeln mit Schale kochen und abkühlen lassen.
2. Löwenzahn waschen und in kleine, mundgerechte Stücke schneiden. Danach in eine mittelgroße Salatschüssel geben.
3. Karotten schälen, fein reiben und mit in die Salatschüssel geben.
4. Apfel in Würfel schneiden und mit in die Salatschüssel geben.
5. Paprika in Würfel schneiden und mit in die Salatschüssel geben.
6. Schale von den abgekühlten Kartoffeln entfernen, dann Kartoffeln in Würfel schneiden und zu den anderen Zutaten in die Schüssel geben.
7. Sonnenblumenkerne hinzufügen.
8. Alle Zutaten vermengen und der Salat ist fertig.

Dazu passt Missis Blüten-Dressing (Seite 222).

Das Rezept schmeckt auch gut mit Nudeln, Schafskäse und Mais anstelle von Kartoffeln und Paprika. Solltest du eine Zutat aus der Liste nicht mögen oder vertragen, kannst du diese natürlich auch weglassen oder durch ein anderes Gemüse oder Obst deiner Wahl ersetzten.

Missis Blüten-Dressing

- Weiße **Blütenblätter** von
  20 Gänseblümchen
- 1/2 **Zitrone**
- 2 Teelöffel **Leinöl**
- 2 gehäufte Teelöffel **Senf**
- 2-3 Esslöffel **Agavendicksaft**
  (oder auch flüssiger Honig)
- **Salz** und **Pfeffer**

1. Zitronenhälfte auspressen
2. Zitronensaft, Blütenblätter, Leinöl, Senf, Agavendicksaft, Salz und Pfeffer in einer kleinen Schüssel vermengen

Das Dressing schmeckt auch gut mit den gelben Blütenblättern von Löwenzahn (anstelle der Blütenblätter von Gänseblümchen).

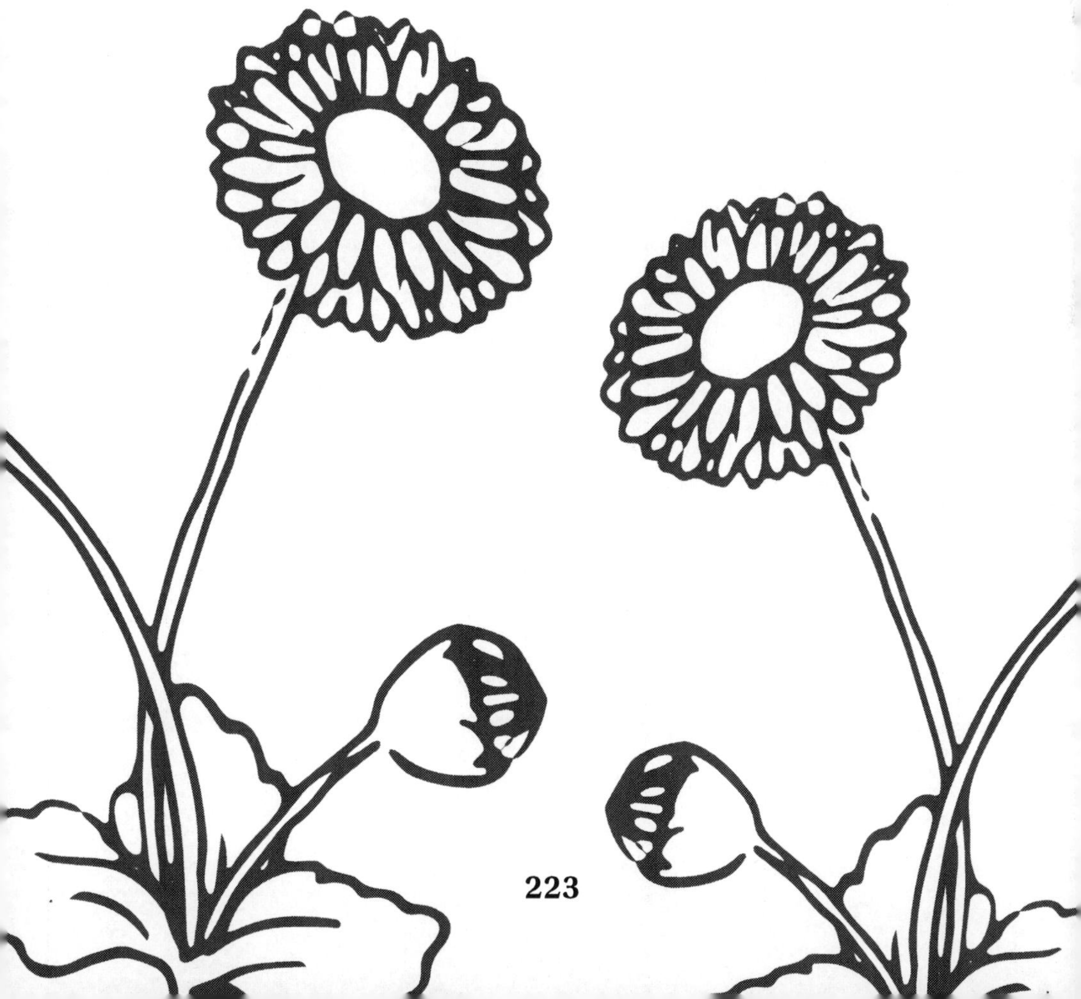

Josefine Hensen wurde 1989 bei Hamburg geboren, studierte Maschinenbau an der TUHH und arbeitet heute als kreative Unternehmensunterstützung in einem Startup in der Nähe von Osnabrück. Sie lebt auf einem ehemaligen Bauernhof, ganz familiär inmitten von Tieren und Menschen aus verschiedenen Generationen. Seit Kurzem erfüllt sie sich den Kindheitstraum, andere Menschen durch eigene Geschichten zu begeistern. Als Kinder- und Jugendbuchautorin möchte sie ihre Zielgruppe besonders darin bestärken, den eigenen Gefühlen treu zu sein.

Printed in Poland
by Amazon Fulfillment
Poland Sp. z o.o., Wrocław

28019977R00129